Mit Lust und Liebe
GRILLEN
kochen

Geschichte, Sorten,
Küchenpraxis und Rezepte
aus aller Welt

Am Anfang war das Feuer

Vermutlich ist das Rösten und Braten von Fleisch eine Erfindung der Neandertaler. Ein Stück kostbares Mammutfleisch wird ins offene Feuer gefallen sein. Irgendwie wurde das Fleischstück aus der Glut geholt. Ganz oder nicht vollständig verkohlt – der Klumpen muss durch seinen Geschmack beeindruckt haben. Und über die wohl reichlich krosse Kruste haben die Vorfahren moderner Menschen sicher großzügig hinweggesehen.

So oder ähnlich mag sich das zugetragen haben. Wie viel später dies stattfand, nachdem sich die Menschen der Urgeschichte grundsätzlich das Feuer nutzbar gemacht hatten, entzieht sich unserer Kenntnis. Jedenfalls ist anzunehmen, dass Rösten und Braten verschiedener Nahrung über offenem Feuer für mehrere zehntausend Jahre die einzige Garmethode blieb.

Seitdem war Zeit genug, die Grillpraxis zu verfeinern: In Gebieten mit üppiger Vegetation wurden die Leckerbissen in Pflanzenblätter gehüllt. Sie garten darin geschützt vor der unmittelbaren Einwirkung des Feuers sanft und nicht zu schnell und ungleichmäßig. In einer anderen Ecke der Welt erkannte man rasch, dass kleinere Fleischstücke viel schneller gegrillt werden, was auch mühsam beschafften Brennstoff spart. Und Fleisch mit Lehm einzuhüllen, brachte saftschmurgelnde Köstlichkeiten hervor. Töpfereien entstanden etwa um 6000 v. Chr. So ist anzunehmen, dass dies der eigentliche Beginn der Kochkunst war. Denn erst mit Töpfen ließen sich neue Methoden zur Zubereitung von Speisen entwickeln.

Dennoch blieb das Braten über offenem Feuer in vielen Teilen der Erde allgemein übliche Gartechnik und wird, je jünger die Geschichte, zunehmend umfassender beschrieben. In China beispielsweise wird dem „göttlichen Landmann Shen Nong", dem Ackerbaugott, für die Zeit um 2800 v. Chr. zugeschrieben, er habe den Bauern beigebracht, das Gejagte und Erlegte auf spießähnliche Ruten zu stecken und über dem Feuer zu garen. Anderswo wurde die Feuerstelle windgeschützt in Gruben angelegt. Die Menschen erhitzten Steinplatten oder Steine im offenen Feuer. In Gruben füllten sie Wasser und erhitzten es laufend mit diesen heißen Steinen.

Eine andere Variante bestand darin, die heißen Steine zusammen mit den Speisen schichtweise in die Grube zu legen und diese zu verschließen. Grubenkochen wird heute noch immer praktiziert, zum Beispiel in Australien und Neuseeland.

Mehrere Zeitsprünge nacheinander: In Homers „Ilias" erfahren wir Genaueres über das Braten eines ganzen Schafs am Spieß. Es sollte ein großes Tier „von silbriger Weiße" geschlachtet, in kleinere Stücke geschnitten und diese sollten erst vom Feuer genommen werden, wenn sie gut durchgebraten waren. Auch die Römer haben der Nachwelt wertvolle Hinweise und Rezepte fürs Grillen hinterlassen. Dem Feldherrn und Feinschmecker Apicius, der im 1. Jahrhundert n. Chr. lebte, wird eine sehr aufschlussreiche Rezeptsammlung zugeschrieben – anzuwenden auch bei den berühmtberüchtigt opulenten Mahlzeiten, bei denen die Schlemmerinnen und Schlemmer mehr liegend als sitzend allen Sinnen frönten.

Als die Spanier die Neue Welt eroberten, guckten sie sich eine Form des Grubenkochens ab. Auf die mit Steinen ausgelegte Feuerstelle wurden Bananenblätter oder Seetang gelegt. Darauf kamen abwechselnd Maiskolben, Muscheln und wieder Seetang oder Blätter. Auf diese Weise konnte das Gargut stundenlang vor sich hin schmurgeln. – Abschließend eine Erklärung, woher der Begriff „barbecue" stammen könnte: Die Spanier nahmen aus der Neuen Welt tonnenweise Gold und Silber mit nach Europa. Sie brachten den einheimischen Kariben und den Siedlern dafür Rinder und Schweine mit. Deren Fleisch briet man auf Gestellen aus Knochen und Tierhäuten oder Rosten, gebaut aus grünem Holz. Die Gestelle benannten die Kariben „barbacoa".

Grillen, ein kulinarisches Gesellschaftsspiel

I n der grauen Vorzeit war es beinahe alltäglich, die mit vereinten Kräften gesammelte oder erlegte Nahrung zu garen und zu verspeisen. Aus dieser Notwendigkeit ist heute – in vielfach abgewandelter Form – ein besonderes Ereignis geworden. Und wir haben einen Riesenspaß daran, am offenen Feuer zu grillen, einmal ungezwungen, ja ein wenig unordentlich zu sein. Es spielt oft gar keine so große Rolle, was da über der heißen Glut gegart wird. Ganz einfache Dinge können Begeisterung auslösen: Gourmets schwärmen von heißen Würstchen, Kinder von schlichten Kartoffeln, um die sie bei einer anderen Zubereitungsart eher einen großen Bogen machen.

Ein Grillfest kann Menschen unterschiedlichster Schichten und quer durch die Generationen zusammenführen. Da bringt schon einmal der Chef seiner Sekretärin den soeben gegarten Grillspieß mit. Der Onkel schenkt dem Neffen einen Drink ein, die Großnichte schöpft der Großtante ein Schüsselchen Salat. Keinen kümmert das später, Hauptsache, es hat geschmeckt und man hatte sein gemeinsames Vergnügen in lockerer Atmosphäre.

Vom Lagerfeuer zum Grillgerät

Tatsache ist, dass die „Küche" ihren ursprünglichen Platz im Freien hatte, mit einer Feuerstelle als Mittelpunkt. Nachempfinden können wir das leicht an einem offenen Grillplatz im Wald oder im Garten. Oder etwas komfortabler in einem größeren Zeltlager, sie besitzen in der Regel außer einem Lagerfeuer stets ein Küchenzelt.

Wer kennt nicht das beliebte Ziel so mancher Klassenausflüge, Sonntagsspaziergänge oder Vereinswanderungen? Es ist die Feuerstelle oder Grillhütte am Waldrand drei Dörfer weiter. Sollte da einmal ausnahmsweise kein solide gemauerter Steinunterbau vorhanden sein, muss man selbst mit einfachen Hilfsmitteln dafür sorgen, dass Wurst, Brot, Gemüse oder Fisch nicht direkt in die züngelnden Flammen gerät und mehr verbrennt als gart: zum Beispiel mit dünnen, nicht zu trockenen, sauber angespitzten Holzstöcken. Alleine lassen kann man diese schlichten Grillspieße aber nur, wenn sie mit Hilfe anderer Hölzer oder von Steinen am Rand des Feuers so fixiert werden, dass ein Abstand zur Glut bleibt. Solch wackelige Konstruktionen sind indes selten von Dauer, im Falle einmaliger Verwendung lässt man sie einfach am Grillplatz liegen. Vielleicht braucht sie ja jemand am Wochenende darauf.

Im Laufe der Zeit wurde eine Reihe von Ideen entwickelt. Wir sind heute Nutznießer unterschiedlichster Grillgeräte. Die gängigsten und bewährtesten sollen hier kurz vorgestellt werden.

Zwei Dinge sind unabdingbar: Glut und Rost. Das Unwichtigste hingegen ist das Aussehen des Geräts. Wie sieht Ihr Budget für ein Grillgerät aus? Sie können nämlich alles vom simpelsten bis zum ausgeklügeltsten Luxus-Gerät bekommen. Dazu einige grundsätzliche Fragen:

1. Soll der Grill leicht und transportabel sein?

2. Für wie viele Personen grillen Sie im Durchschnitt, ist also eine kleinere oder größere Grillfläche nötig?

3. Hat das Gerät einen festen Standort im Garten oder einen wechselnden Platz auf Balkon oder Terrasse?

4. Soll das Gerät leicht zu reinigen sein, sprich besseres Material in der Grundausstattung aufweisen? Das wirkt sich erheblich auf den Preis aus.

5. Soll es ein Gerät sein, an dem man bequem steht; ein Gerät fürs Leben oder nur für ein, zwei, höchstens drei Saisons?

6. Welche Befeuerung wird bevorzugt? Ein Grillgerät mit Glutkasten für Briketts oder Holzkohle? Oder ein Gerät, das mit Gas oder elektrisch betrieben wird?

Haben Sie dies alles für sich geklärt, dann haben Sie die Wahl zwischen den verschiedenen Grundtypen:

■ Grillgeräte mit **senkrechten Glutkästen** werden vor allem unter gesundheitlichen Gesichtspunkten gekauft. Das Grillgut wird dabei in Körben seitlich zur Glut aufgehängt. Das überschüssige Fett tropft in die Grillwanne, die mit Sand oder Wasser gefüllt ist. Es kann also in der Glut keinen Qualm, keine gesundheitsschädlichen Dämpfe verursachen. Geräte mit senkrechten Glutkästen gibt es in kleinster Form, sie können sogar als „Handkoffer" mit in den Urlaub genommen werden. Drehspieße für große Braten, Geflügel oder Fische werden nur für diesen Typ angeboten – für Romantiker natürlich manuell angetrieben. Grillprofis schwören auf die Technik, mit deren Hilfe der Drehspieß mit Batterien oder Netzstrom automatisch gedreht wird.

■ Bei Geräten mit **waagerechten Glutkästen** sind Auswahl und Preisunterschiede am größten. Verschiedene Standhöhen, die zur Verfügung stehende Grillfläche, Leichtbauweise oder schwer rustikales Gerät – man hat die Qual der Wahl. Bei allen Geräten ist auf Folgendes unbedingt zu achten:

1. Sind genügend Luftlöcher und -schlitze am Glutkasten vorhanden? Diese sind für die anhaltende Glut zuständig.

2. Verstellbare Einschubhöhen für den Grillrost sind für das empfindliche Geflügel oder das robustere Steak von Bedeutung.

3. Rund um den Grillrost sollte ein Windschutz in Form einer Stahlblechwand angebracht sein. Denken Sie an den Funkenflug!

Der Kugelgrill, der klassische Evergreen aus den USA, ist ein beliebtes Gerät mit waagrechter Glutbox. Handlich im Umgang und schonend zu den Nachbarn, da durch das Verschließen der Kugel absolut kein Rauch entweichen kann.

Das Anzünden

Wer das Feuer richtig entfacht, wird mit beständiger, lang anhaltender Glut belohnt. Auch dafür gibt es einige Grundregeln:

Den Glutkorb oder die -wanne mit Aluminiumfolie auskleiden. Dadurch wird die Hitzereflexion verstärkt und die spätere Säuberung vereinfacht. An den Punkten, an denen im Glutkorb Entlüftungsschlitze angebracht sind, Löcher in die Alufolie stechen.

Das Brennmaterial pyramidenförmig einschichten, und zwar in einem größeren Radius als die vorgesehene Grillfläche. Zum Entflammen das Brennmaterial mit flüssigem Grillanzünder begießen oder entsprechende handelsübliche Brennpasten oder -würfel verwenden.

Der gefährlichste Augenblick beim Grillen ist das erste Entfachen des Feuers. Verwenden Sie nie Benzin, Petroleum, Heizöl oder den gefürchteten Spiritus! Die Statistiken von Grillunfällen sprechen Bände. Auch der Geschmack der zuletzt genannten „Anzündhilfen" überträgt sich flugs auf das Grillgut, sodass gesundheitliche Schäden nicht auszuschließen wären. – Machen Sie es also bitte anders, falls das Feuer beim ersten Versuch nicht brennen will: Wenn das Brennmaterial ausreichend mit den im Absatz zuvor genannten Brennhilfen wie Grillanzünder und Paste oder Würfel versorgt ist, mit einem langen Streichholz anzünden. Die Entwicklung einer richtigen Glut sollten Sie dann durch stetiges Fächeln mit einer Zeitung oder verstärkte Luftzufuhr mit einem Blasebalg oder auch Föhn beschleunigen – dabei aber Geduld bewahren.

Die fertige Glut ziehen Sie mit einem Metallrechen oder Schürhaken großflächig auseinander, damit sie von allen Seiten ausreichend durch Sauerstoff genährt werden kann. Sobald sich auf der Glut eine weiße Aschenschicht bildet, ist sie zum Grillen geeignet.

Zum Nachheizen muss man vom Rand her arbeiten, um die Glut in der Mitte des Feuers nicht zu schwächen.

Schonendes Grillen

Richtiges Grillen heißt gesundes Grillen. Dazu einige Anregungen:

1. Bei Geräten mit waagerechten Glutkästen sollten Sie grundsätzlich indirekt grillen: Das Gargut in extrastarke Alufolie wickeln, wodurch es im eigenen Saft schmort. So kann nichts an- oder verbrennen und kein Fett oder Saft in die Glut tropfen. Auf diese Weise grillt man auch Gemüse. Oder Sie umwickeln die Fläche des Grillrostes mit extra starker Alufolie. Das Grillgut wird schonend gegart und der Reinigungsaufwand für das Gerät hält sich in Grenzen.

2. Eine weitere Möglichkeit ist die Verwendung von Aluminium-Grillschalen, die mit Rillen für ablaufenden Saft und abtropfendes Fett ausgestattet sind. Die Hitze dringt durch die Perforation des Materials, das Grillgut wird genauso gut, aber eben schonend gegrillt, Saft und Fett laufen in die eingestanzten Rillen.

3. Für das Grillen von ganzen Fischen gibt es spezielle Drahtkörbe. Die Fische werden zwischen zwei Gitter geklemmt und können so besser gewendet werden.

Gutes Brennmaterial – gute Glut

■ Bei weitem nicht alles, was brennt, eignet sich auch für richtige Grillglut. Es ist zu empfehlen, die im Handel angebotenen Grillmaterialien wie Holzkohlenbriketts und Scheitholzkohle zu verwenden.

■ Zu schnell kann es durch falsch gewähltes Brennmaterial wie selbst gesammeltes Holz anstelle der Grillfeier zu einem Grillfiasko kommen: so zum Beispiel durch gesundheitsschädliche Rauchentwicklungen aus zu frischem oder ungeeignetem Holz, was zudem schädliche Stoffe an das Grillgut bringt.

■ Im Großen und Ganzen ähneln sich die angebotenen Brennmaterialien:

■ Grillbriketts werden aus gepresstem Holzkohlenstaub mit natürlichen Bindemitteln angeboten. Es wird eine staubfreie, lang anhaltende Glut garantiert.

■ Retortenholzkohle bietet laut Verpackungsaufschrift eine gleichmäßige, saubere Qualität ohne schädliche Rückstände.

■ Cococha Holzkohlebriketts aus Kokosnussschalen werden in Würfelform und auch in kleinen Packungen angeboten, weil sie besonders glutergiebig sind.

■ Fertig abgepackte Hölzer wie Buchen- oder Rebholz brauchen doppelt so lange zum Durchglühen wie industriegefertigte Holzkohle oder Briketts. Dies müssen Sie bei der Zeitplanung unbedingt berücksichtigen!

■ Feuerkräuter als Zusatz verhelfen der Glut zu aromatischem Duft. In Spezialgeschäften sind Fertigmischungen aus verschiedenen Kräutern – von Thymian bis Lavendel – erhältlich. Werfen Sie bitte keinesfalls selbst gesammelte Kiefern- oder Tannenzapfen in die Glut, die entstehenden Dämpfe sind gesundheitsschädlich!

Tipps und Tricks von A bis Z

Alufolie sollte beim Grillen immer in größeren Mengen griffbereit sein.

Beleuchtung wird im Lauf eines Grillfests fast immer nötig, auch wenn die meisten schon am hellen Tag beginnen. Daher genügend Kerzen und Windlichter bereitstellen.

Brot ist beliebte Grundlage und -nahrung, auch wenn sich die Tische unter allen anderen Leckerbissen biegen. Mehrere Sorten eignen sich, insbesondere knuspriges Stangenweißbrot, gut gewürztes Fladenbrot oder exotisch gewürzte Sesamringe.

Das **Fleischbrett** ist ein großes Holzbrett mit einer Saftrinne. Manchmal muss das bereits gegarte Grillgut vom Rost hier abgelegt werden, wenn die Esser nicht nachkommen.

Feuerwehr: Die Nummer gut sichtbar am Telefon befestigen.

Ein **Fleischthermometer** ist besonders Grillanfängern bei größeren Fleischstücken sehr zu empfehlen. Es besitzt eine Gradeinteilung für die verschiedensten Fleischsorten und -teile. Man steckt das Thermometer in die dickste Stelle des Bratens und weiß bei der bezeichneten Temperatur, dass das Fleisch durch ist. Eine Richtlinie für die Gargrade: Kalbfleisch etwa 75 °C, Schweinefleisch etwa 85 °C und rosa Rindfleisch etwa 60 °C.

Gekühlte Getränke frühzeitig besorgen und rechtzeitig kühlen; bei der Auswahl auch an Autofahrer und Kinder denken.

Glasuren (Bild oben links) ergeben eine leckere würzig-süßliche Kruste. Damit die wertvollen Glasuren auf dem Grillgut nicht verbrennen, werden sie erst kurz vor dem Garwerden mit einem Pinsel rundherum aufgetragen.

Das **Grillfleisch** können Sie mit möglichst raffinierten Würzzutaten und Marinaden gut für die heiße Glut vorbereiten. Grillportionen stets großzügig berechnen – das lange Beisammensein und das oft doch ungewöhnliche Angebot fördern den Appetit. Übrig gebliebenes Grillgut einfrieren oder in Öl einlegen.

Marinaden und Beizen geben mit Kräutern, Öl, Gewürzen sowie Gemüsen das gewünschte Aroma, sofern das Grillgut frühzeitig eingelegt wurde. Das Eingelegte wird zudem sehr zart.

Die **Nachbarn** sollten Sie bei großen Veranstaltungen im Freien, bei denen Rauch und Lärm vorprogrammiert sind, rechtzeitig informieren – oder gleich einladen.

Nachspeisen sind bei einem Grillfest nicht unbedingt ein Muss, nach dem vielen, häufig deftigen Essen aber eine willkommene Köstlichkeit: Leicht vorzubereiten sind Obstsalat, Kuchen, rote Grütze und Eis.

Für **Öl**, genauer Grillöl, sollten Sie ein kleines Gefäß mit Pinsel bereithalten, manchmal ist bei einer Grillade schnell ein Pinselstrich nötig.

■ Unter den **Saucen** ragen gute selbst gemachte immer heraus. Für alle Fälle in Hinterhand können Sie aber stets ein paar Fertigsaucen haben.

■ **Salz** sollte zusammen mit Pfeffer griffbereit beim Grillgerät stehen. Fleischportionen sollten in der Regel erst während oder nach dem Grillen gesalzen werden. Zu schnell entzieht Salz dem Fleisch den Saft. Das Ergebnis ist trockenes, zähes Fleisch.

■ Ein **Tisch** oder Tischchen neben dem Grill für die Grillutensilien hilft bei kleineren und erst recht größeren Grillveranstaltungen, ein Durcheinander zu vermeiden.

■ Der **Verbandskasten** gehört trotz aller Um- und Vorsicht vor der Grillsaison aktuell bestückt: mit Brandsalbe, Pflaster und kühlendem Spray.

■ **Wasser** in einem großen Eimer, unauffällig unter oder neben der Grillstelle platziert, beruhigt für alle Fälle ungemein …

■ **Zündhölzer** in speziell langer Grill-Ausführung gehören in die Obhut von Grillchefin oder -chef.

Es ist lästig, während dem Grillen nach den verschiedenen Utensilien suchen zu müssen. Die Grundausstattung sollte – am besten auf einem separaten Tisch beim Grill – bereitliegen, ehe es losgeht: Grillbesteck mit extra langen Stielen und festen Griffen, die vor Hitze schützen, Alufolie und -schalen sowie geeignete Brennmaterialien und Anzündehilfen.

Marinaden, Beizen und Glasuren

Marinaden und Beizen verleihen dem Grillgut die verschiedensten Geschmacksnuancen. Legen Sie Fisch, Geflügel und Fleisch für mindestens 30 Minuten bis etwa 4 Stunden ein. Wild kann bis zu 3 Tage lang mariniert werden. Das Eingelegte muss ab und zu gewendet, damit die Flüssigkeit überall gleichmäßig einziehen kann, und vor dem Grillen gut mit Küchenkrepp trockengetupft werden. Tiefkühlfleisch kann in der Marinade aufgetaut werden.

■ Hier einige Rezepte unterschiedlicher Geschmacksrichtung. Die Menge der Zutaten ist für etwa 800 Gramm Fleisch berechnet.

Ein Tipp dazu:

Das Grillgut wird erst kurz vor Ende der Garzeit mit Glasur bepinselt. Diese enthält meist Zucker, der bei den lang anhaltenden hohen Temperaturen verbrennen und bitter würde. Also, größere Bratenstücke erst in den letzten 10 bis 15 Minuten auf dem Grill von allen Seiten und Kurzbratstücke erst in den letzten 2 bis 3 Minuten glasieren.

Kräutermarinade (rechts oben)

■ 1 Bund gemischte Kräuter wie Kerbel, Dill, Thymian, Minze, 1 Schale Brunnenkresse, 1 Zwiebel, 1 Teelöffel schwarze Pfefferkörner, Saft von 1 Zitrone, 4 cl Weinbrand, 1/4 Liter Pflanzenöl.

■ Die Kräuter waschen, trockenschwenken und mit den Stängeln fein wiegen. Die Kresse aus dem Kästchen schneiden, säubern und grob zerschneiden. Die Zwiebel schälen und hacken. Alles in ein größeres Gefäß geben. Pfefferkörner, Zitronensaft, Weinbrand und Öl hinzufügen und alles vermengen.

■ Diese Marinade eignet sich für alle Sorten Fleisch oder Fisch.

Rotweinmarinade (links)

■ 2 Zwiebeln, einige Kräuterzweige wie Rosmarin, Kerbel, Thymian, 1/4 Liter Rotwein, etwas Rotweinessig, 3 bis 4 Esslöffel Olivenöl, 2 Lorbeerblätter, 3 Gewürznelken, 1 Teelöffel Pfefferkörner.

■ Die Zwiebeln schälen und grob zerschneiden. Die Kräuter säubern und zusammen mit den Zwiebelstücken in ein größeres Gefäß legen. Rotwein, Essig, Öl und die Gewürze zugeben und alles verrühren.

■ Die Rotweinmarinade eignet sich besonders für dunkles Fleisch wie Rindfleisch, Lammfleisch und für Innereien.

Buttermilchbeize (rechts unten)

■ 150 Gramm Vollmilchjogurt, 150 Gramm saure Sahne, 1/8 Liter Buttermilch, 2 frische Minzezweige, 1/2 Bund Petersilie, 2 Zentimeter Ingwerwurzel, ersatzweise 1/2 Teelöffel Ingwerpulver, 1 Teelöffel zerdrückte weiße Pfefferkörner, 1 Prise gemahlener Kümmel, 2 Lorbeerblätter.

■ Jogurt, saure Sahne und Buttermilch glatt rühren. Die Kräuter säubern, fein wiegen und unterheben. Die Ingwerwurzel schälen und hacken oder das Ingwerpulver hinzufügen. Pfeffer, Kümmel und die Lorbeerblätter zufügen und alles miteinander vermengen.

■ Vorzugsweise wird Wild- und Lammfleisch in diese Beize eingelegt. Vor dem Grillen muss die Beize besonders gut vom Grillgut abgestreift werden.

E inige weitere, hier nicht abgebildete Rezepturen werden kurz vorgestellt:

■ **Weißweinmarinade** aus ¼ Liter Weißwein, Saft und Schale von 1 unbehandelten Zitrone, 1 Teelöffel weißen Pfefferkörnern, einigen Kräuterzweigen (Dill, Kerbel, Estragon) und 5 Esslöffeln Olivenöl eignet sich für Geflügel-, Kalb-, aber auch Rindfleisch, Fleischspieße und Fischkoteletts.

■ **Senfmarinade** aus 1 Zwiebel, 2 Knoblauchzehen, einigen Estragonzweigen, 2 Sardellenfilets, 2 Esslöffeln scharfem Senf, ¼ Liter Pflanzenöl und 1 Schuss Estragonessig ist im Prinzip für alle Sorten Fleisch und Fisch geeignet und besonders beliebt für Geflügel- und Kalbfleisch.

■ **Teufelsbeize** bezieht ihre Schärfe aus 5 frischen Chilischoten, 1 Pfefferschote – beides gehackt – sowie 1 Esslöffel eingelegtem grünen Pfeffer, setzt sich sonst zusammen aus 2 Schalotten, 5 Knoblauchzehen, je ⅛ Liter Rotwein und Pflanzenöl und 1 Schuss Essig – geeignet für Steaks, zu milde Würste und für Schalentiere.

■ **Orangen-Glasur** wird aus 50 Gramm leicht erwärmtem Orangengelee, dem Saft von je ½ Orange und Zitrone, 2 durchgepressten Knoblauchzehen, 1 Teelöffel Currypulver, je 2 Esslöffeln Sojasauce und Pflanzenöl, 1 Teelöffel Zucker zubereitet und verleiht Lammkoteletts, Schweinerippchen oder Geflügelteilen einen aufregend fruchtig-exotischen Geschmack.

■ Für **Honig-Ingwer-Glasur** nehmen Sie 50 Gramm Honig, den Saft von ½ Zitrone, 2 Esslöffel Pflanzenöl, 1 Teelöffel scharfen Senf, 3 Zentimeter fein gehackte Ingwerwurzel und 2 cl Sherry; Schweine-, Geflügel- und Kalbfleisch wird damit besonders pikant.

In Marinaden und Beizen haben Kräuter, Gewürze und Gemüse ausreichend Zeit, der Grillade Aroma, Würze und Zartheit zu verleihen. Beizen können im Gegensatz zu Marinaden nicht für die Zubereitung von Saucen verwendet werden, sie sind einfach zu sauer.

Häppchen, Dips und Saucen

Hier sollen schon einmal einige kleinere Zubereitungen zusammengefasst werden. Sie alle sind geeignet, auf den für lange entspannte Stunden angelegten Genuss einzustimmen, indem Sie einfach etwas dippen oder knabbern und sich auch schon anhand kleiner Kostproben von der Güte der Grillglut überzeugen.

Knusprige Appetizer

■ 8 saftige Pflaumen, 4 gleich große Champignons, 4 Cocktailtomaten, 2 Riesengarnelen, 4 eingelegte Artischockenherzen, Salz, frisch gemahlener schwarzer Pfeffer, 24 dünne Scheiben Speck oder Schinken.

■ Die Pflaumen waschen und entsteinen. Die Champignons häuten und die Tomaten leicht einritzen. Die Riesengarnelen schälen, der Länge nach halbieren, den Darm entfernen und waschen. Champignons, Tomaten, Garnelen und Artischockenherzen leicht salzen, pfeffern, wie die Pflaumen mit je 1 Scheibe Speck oder Schinken feststecken. In einer Grillschale von allen Seiten knusprig braten. Lauwarm oder kalt zum Aperitif reichen. Als Dipsauce passt eine fruchtige Papayasauce.

Mandeldip mit Grissini

■ 5 Knoblauchzehen, 1 Chilischote, 100 Gramm gemahlene Mandeln, $1/4$ Liter Olivenöl, 2 Esslöffel Tomatenketchup, Salz, frisch gemahlener schwarzer Pfeffer, 1 Spritzer Essig, 20 Gramm Mandelblättchen, 1 Packung Grissini.

■ Den Knoblauch schälen und sehr fein zerkleinern. Den Chili säubern, entkernen und fein hacken. Die gemahlenen Mandeln in einer heißen Pfanne unter ständigem Schwenken ganz leicht rösten. Das Olivenöl in eine Schüssel geben, alle Zutaten hineingeben und verrühren. Den Dip pikant abschmecken.

■ Außer Grissini passen auch Gemüsestangen aus Möhren, Sellerie oder Gurken zum Dippen.

Quarksauce mit Radieschen

■ Je 1 Bund Radieschen und Schnittlauch, 200 Gramm Sahnequark, 100 Gramm Vollmilchjogurt, 50 Gramm Crème fraîche, Salz, frisch gemahlener weißer Pfeffer, Saft von $1/2$ Zitrone.

■ Die Radieschen säubern und in feine Stifte, den Schnittlauch in Röllchen schneiden. Sahnequark, Jogurt und Crème fraîche glatt rühren. Radieschen und Schnittlauch beimengen. Salzen, pfeffern und mit Zitronensaft abschmecken. Diese raffinierte vegetarische Sauce harmoniert wunderbar mit Kartoffelgerichten.

Auch wenn es bereits Brot „vom laufenden Meter" gibt, bleibt noch Raum für Phantasie: Wer Brotteig auf dem Blech backt, kann mit allerlei Ausstechformen für weitere Überraschungen sorgen. Denn Brot passt immer, wie Grill-Erfahrene wissen.

Arabische Sauce

■ 100 Gramm Rosinen, 100 Gramm eingelegte Senffrüchte, 2 hart gekochte Eier, 50 Gramm Tomatenmark, 2 Esslöffel Honig, Saft von 1 Orange, 1 Esslöffel Essig, 1 Döschen Safran, 50 Gramm Mandelstifte, 5 Esslöffel Olivenöl, frisch gemahlener schwarzer Pfeffer.

■ Die Rosinen mit kochend heißem Wasser begießen und quellen lassen. Die Senffrüchte sehr fein hacken. Die Eier schälen und je einmal quer und längs durch den Eierschneider drücken oder entsprechend schneiden. Die Rosinen fest ausdrücken und klein hacken. Rosinen, Senffrüchte und Eier zusammen mit den anderen Zutaten in einer Schüssel verrühren und pikant abschmecken.

Kaviarschaum

■ Einige Zweige Dill, 1 Schalotte, 1/4 Liter süße Sahne, 1 Gläschen Kaviar (ca. 40 g), Saft von 1 Zitrone, 1 Scheibe Zitrone.

■ Den Dill von den Stängeln zupfen, waschen, trockenschwenken und hacken. Die Schalotte schälen und fein würfeln. Die Sahne steif schlagen. Den Kaviar bis auf einen kleinen Rest für die Garnitur, den gehackten Dill und die Schalottenwürfel vorsichtig unter die Schlagsahne heben. Leicht mit Pfeffer und Zitronensaft würzen. Zum Servieren 1 Zitronenscheibe an den Rand des Schälchens oder der Sauciere stecken.

■ Außer zu Gegrilltem passt der Kaviarschaum auch zu Fondues.

Es heißt, sie seien „Nebendarsteller", die Häppchen, die Appetitanreger, die Gemüsestängelchen zum Dippen oder Tunken in allerlei leckere Saucen. Wer aber Grillen als das betrachtet, was unser Motto von der Seite 6 nahe legt, weiß um die Bedeutung der leckeren Kleinigkeiten im kulinarischen Gesellschaftsspiel. – Und Sie können sich erfinderisch betätigen, selbst etwas ausprobieren, je nachdem was Ihr Kühlschrank und Vorrat gerade so enthält.

Grillen und Brutzeln am Tisch

Mit einem Tischgrill sind Sie für jede Saison gerüstet, vom Wetter unabhängig. Diese allzeit bereiten Geräte sind problemlos im Umgang und bestechen zudem durch ihre vielfältigen Einsatzmöglichkeiten. Wer sie „nur" für ein Steak oder Frikadellen – wie in diesem Buch gezeigt – verwendet, sei einmal auf das Spektrum hingewiesen, das sie sonst noch bieten: Überbacken bei einem Raclette.

Der Tischgrill mit durchgehender Grillplatte wird mit unterschiedlich beschichteten Oberflächen in den verschiedensten Ausführungen angeboten. Sogar die Designer haben Hand angelegt, allerdings entscheiden letztendlich der Geschmack, der Geldbeutel und die gewünschte Größe – abhängig auch vom vorhandenen Esstisch.

Für das Grillen sind hohe Temperaturen notwendig, die bei den Tischgeräten nur elektrisch oder mit Gas zu erzeugen sind. Aus praktischen Erwägungen wird meistens schon von den Herstellern dem elektrisch beheizbaren Gerät der Vorzug gegeben. Manche Hersteller haben Tischgeräte mit elektrisch beheizten Grillstäben und darunter entsprechenden Wasserauffangschalen im Angebot. Die Zutaten grillen optimal auf den Grillstäben, das Fett oder der Bratensaft tropft in die Wasserschale ab.

Wer einen Tischgrill – insbesondere ein Kombigerät – voll ausnutzen will, sollte sich außer mit den Rezepten in diesem Buch auf den Seiten 74 bis 90 einmal auch mit den Möglichkeiten zum Überbacken und zu gemütlichen Raclette-Runden befassen.

Heißer Stein – der Beginn einer neuen Steinzeit

Kaum haben wir Menschen aufwändige, teils uralte Garmethoden wie das offene Feuer, das Grillen im Freien und den Kessel über der Feuerstelle hinter uns gelassen, rollt eine nostalgische Welle über den modernen Küchenherd. Man könnte meinen, Schnellkochtopf, Heißluftofen und Mikrowelle vermitteln manchen nicht mehr genug Gefühl von ursprünglichem Geschmack. Kommt das Bedürfnis hinzu, gemütlich und leger ohne Hektik und in die Runde zu essen – und das Ganze auch noch zu einer draußen eher ungemütlicheren Jahreszeit, so bietet sich in der Tat der Heiße Stein ideal an: Appetit, Genuss und Muße, all das können Sie bei einer „Stein-Veranstaltung" erleben.

Für den modernen Heißen Stein wurden Natursteine maschinell zu flachen Platten zurechtgeschnitten. Der Heiße Stein wird vor dem Gebrauch bei etwa 220 °C oder auf der Herdplatte bei Höchststufe in etwa 20 Minuten aufgeheizt.

Damit Sie sich nicht die Finger verbrennen, ist die Platte in eine Halterung eingespannt, die Sie bequem mit dicken Topfhandschuhen von der Hitzequelle in das dazugehörige Tischgestell einhängen können. Darunter sind zwei Stövchen zum weiteren Warmhalten angebracht. Allerdings kühlt der vorgeheizte Heiße Stein laufend gleichmäßig ab, da die Wärmezufuhr der Rechauds oder Stövchen den Verlust nicht ausgleichen kann. Das heißt für Stein-Benutzer und ihre Gäste, dass etwa 40 bis 60 Minuten Zeit zum Braten bei hohen Temperaturen bleiben.

Unkomplizierte, leicht zu handhabende Geräte sind in allen erdenklichen Ausführungen im Handel zu finden. Dem Spaß am gemeinsamen Brutzeln am oder auf dem Tisch sind also schon von daher kaum Grenzen gesetzt. Hier handelt es sich um ein Kombigerät mit Pfännchen fürs Raclette und mit Heißem Stein.

Ein Tipp dazu:

Bei einem Gerät mit Stövchen, die mit Spiritusbrennern oder Brennpasten betrieben werden, sollten Sie die Bratzutaten jeweils nach der benötigten Hitze auflegen. Zuerst Fleisch, dann Fisch, dann Gemüse und zuletzt vielleicht empfindliches Obst. So lässt sich aber auch hier eine komplette Grillmenüfolge zwanglos erstellen.

Ochsenkotelett
Maiskolben

Ochsenkotelett

4	große Koteletts à ca. 250 g
•	grob geschroteter schwarzer Pfeffer
1 EL	scharfer Senf
50 ml	Grillöl
•	Salz

Maiskolben

4	frische Maiskolben
4–8	Knoblauchzehen
50–80 g	zimmerwarme Butter, ersatzweise Olivenöl
•	Kräutersalz

Ochsenkotelett

Die 4 Koteletts am Knochen entlang mit einem scharfen Messer etwas einritzen. Unter fließendem kaltem Wasser waschen, mit Küchenkrepp trockentupfen und mit den Händen leicht flach drücken. Die Koteletts von beiden Seiten pfeffern, mit Grillöl bestreichen und auf den heißen Grill legen.

Je nach gewünschtem Garzustand etwa 8 bis 15 Minuten garen und dann salzen.

Dazu passen würzige bis scharfe Fertigsaucen wie Zigeunersauce, Chiliketchup, Knoblauchsauce oder Curryketchup.

Maiskolben

Die Maiskolben entblättern und das Stroh entfernen. Abwaschen und mit Küchenkrepp trockentupfen. Die Knoblauchzehen schälen, durch eine Presse drücken und unter die Butter mischen. Dann 4 große Alufolienblätter auf einer Arbeitsfläche auslegen. Die Maiskolben mit der Knoblauchbutter einstreichen, mit Kräutersalz würzen und fest in die Alufolien wickeln.

Unter mehrmaligem Wenden etwa 20 Minuten grillen.

Grillen auf Amerikanisch ist eine legere Sache. Barbecue eben. Demzufolge erfreut sich American Food bei jeder Grillparty größter Beliebtheit. Das bedeutet, genügend „Kleinigkeiten" bereitzuhalten: Schüsselchen mit Corn Chips, Cornichons, verschiedenen Ketchups, Crème fraîche, gegrillten „baconstrips" (Frühstücksspeck), Silberzwiebelchen und roten Bohnen. Die Krönung des amerikanischen Abends wären dann noch Sandwiches und Waffeln mit Ahornsirup für all' jene, die zu Mitternacht der große Hunger überfällt …

Kalbsschnecken-Spieß
Bunte Nudelpakete

Kalbsschnecken-Spieß
Für 4 große oder 8 kleine Spieße

4	große, dünne Kalbsschnitzel à ca. 200 g
•	Salz
•	frisch geschroteter schwarzer Pfeffer
2	Knoblauchzehen
2 EL	scharfer Senf
1 Bund	gemischte Kräuter wie Petersilie, Schnittlauch, Dill, Kerbel
•	Saft von 1/2 Zitrone
50 ml	Olivenöl

Bunte Nudelpakete

500 g	bunte Farfalle, Penne oder Spaghetti
•	Salz
50 ml	Olivenöl
1/2 Bund	Dill
40 g	Kaviar oder Seehasenrogen
•	frisch gemahlener weißer Pfeffer
•	Saft von 1 Zitrone

Kalbsschnecken-Spieß

Die Kalbsschnitzel in etwa 2 Zentimeter breite und etwa 10 Zentimeter lange Streifen schneiden. Die Fleischstreifen mit Salz und Pfeffer würzen und auf einer Arbeitsfläche auslegen. Die Knoblauchzehen schälen und durch eine Presse zum Senf drücken. Die Kräuter von den Stängeln zupfen, waschen, trockenschwenken und fein wiegen.

Die Kräuter, den Zitronensaft, etwas Olivenöl und den Knoblauch-Senf miteinander verrühren. Jeden Fleischstreifen mit Kräuterpaste bestreichen und zu einer Schnecke aufrollen.

Die Fleischschnecken auf 4 sehr große oder 8 kleinere Spieße stecken. Mit dem restlichen Olivenöl bepinseln und auf den heißen Grill legen.

Unter mehrmaligem Wenden in etwa 15 Minuten grillen.

Tipp:
Schaschlikspieße aus Holz vorher etwa 10 Minuten in Wasser einweichen. Dadurch werden sie hitzebeständiger, lassen sich besser bestücken und nehmen nicht so viel Saft vom Gargut auf.

Bunte Nudelpakete

Die Nudeln in reichlich Salzwasser mit einem Schuss Olivenöl bissfest garen. Mit kaltem Wasser abschrecken und in einem Sieb abtropfen lassen.

Den Dill waschen, trockenschwenken und mit den Stängeln sehr fein wiegen. Dill, Kaviar, Pfeffer und Zitronensaft mit ausreichend Olivenöl vorsichtig verrühren.

8 große Alufolienblätter auf einer Arbeitsfläche auslegen und mit Olivenöl bepinseln. Die Nudeln mit der Kaviarmischung locker vermengen und in die Mitte der Alufolienblätter geben. Die Seiten der Folie hochschlagen und oben verschließen. Die Nudelpakete auf dem Rand des Holzkohlengrills platzieren und nach etwa 10 Minuten als Beilage servieren.

Die Nudelpakete sind eine willkommene Abwechslung, ein hervorragendes Gegengewicht zum Fleisch, das doch bei fast jedem Grillfest oder -anlass überwiegt. Die Pakete lassen sich rasch vorbereiten und ausgezeichnet variieren: zum Beispiel mit einer Gemüsemischung, mit Kräuterbutter, Mandeln, Früchten oder mit Garnelen.

Schweinshaxe mit Bierkruste

2	**Schweinshaxen à ca. 800–1000 g**
▪	**Salz**
2	**Knoblauchzehen**
▪	**frisch gemahlener weißer Pfeffer**
1 EL	**Kümmel**
1 Msp.	**edelsüßes Paprikapulver**
4 EL	**Pflanzenöl**
¼ Ltr	**dunkles Bier**

Variante

Die Schweinshaxen in den letzten 20 Minuten pikant-süßlich glasieren. Dazu 4 Esslöffel Öl mit 1 Esslöffel scharfem Senf und 2 Esslöffel Honig verrühren. Die Haxen von allen Seiten mehrmals mit dieser Glasur einpinseln.

Die Schweinshaxen, wegen eventueller Knochensplitter, waschen und trockenreiben. Die Schwarten mit einem sehr scharfen Messer rundherum rautenförmig einschneiden.

Knoblauch schälen und durchpressen.

Die Haxen mit Salz, dem Knoblauch, Pfeffer, Kümmel und Paprika gründlich einreiben. Die gewürzten Haxen rundherum mit Pflanzenöl bepinseln. Auf Drehspieße stecken oder im Bratkorb befestigen.

Die Grillzeit beträgt 1 ½ bis 2 Stunden. In den letzten 20 Minuten die Haxen mehrmals mit Bier bepinseln, um eine schöne Kruste zu erhalten.

Die Schweinshaxen vom Feuer nehmen, auf ein Tranchierbrett legen und mit Alufolie zugedeckt 5 bis 10 Minuten ruhen lassen. Danach das Fleisch vom Knochen lösen und den austretenden Fleischsaft vorsichtig vom Brett auf die Teller gießen.

Bayern hat die schönsten Biergärten Deutschlands. Und da gibt es in der entsprechenden Saison zu der Maß Bier, kleiner wird nicht eingeschenkt, allerlei Pikantes und verführerisch Gutes vom Grill. Man mag sich noch so oft vornehmen, die Brotzeit selbst mitzubringen – das ist nicht nur in München allgemein üblich – und nichts mehr dazuzukaufen, vielleicht noch eine Breze. Aber dann verströmen die „Giggal", die Brathähnchen, am Brezenstand ihren Duft. Aus einer anderen Richtung zieht vielleicht der Duft gegrillter Fische in die Nase. Wem da das Wasser im Mund nicht zusammenläuft und der Geldbeutel eben doch ganz locker sitzt, der hat sich wahrscheinlich hierher verirrt. Und das wissen die Betreiber nur zu gut, sie können also gerne erlauben, dass man seine Brotzeit mit in den Biergarten bringt. Sie schmälert den Umsatz nur unwesentlich.

Rollbraten wie bei Muttern

Zutaten für 8 Personen

1/2 Bund	**gemischte Kräuter wie Kerbel, Petersilie, Thymian, Oregano, Basilikum, Bohnenkraut oder Schnittlauch**
2,5–3 kg	**durchwachsener roher Schweinebauch ohne Rippen**
▪	**Salz**
▪	**frisch gemahlener schwarzer Pfeffer**
1 TL	**Kümmel**
▪	**rosenscharfes und edelsüßes Paprikapulver**
4	**Knoblauchzehen**
6 EL	**Pflanzenöl**
1/8 Ltr	**dunkles Bier**

Tipp:

Wer mit der Garzeit von großen Fleischstücken Schwierigkeiten hat, kann ein Fleischthermometer zu Hilfe nehmen.

■ Die Kräuter mit den Stängeln waschen, trockenschwenken und fein hacken.

■ Den Schweinebauch auf der Speckseite mit einem scharfen Messer rautenförmig einschneiden. Dann das Fleisch auf beiden Seiten mit Salz, Pfeffer, Kümmel und den beiden Sorten Paprika fest einreiben.

■ Den Knoblauch schälen und durch eine Presse drücken. Die Kräuter und den Knoblauch auf der Fleischseite verteilen und mit etwas Pflanzenöl beträufeln. Den Schweinebauch fest aufrollen und mit einem Küchenfaden zuschnüren. Auf einen Bratenspieß stecken und mit Pflanzenöl bestreichen.

■ Während der Garzeit von etwa 1 1/2 Stunden zwischendurch immer wieder mit Bier bepinseln.

■ Den Braten vom Spieß nehmen, in Alufolie wickeln und für etwa 15 Minuten zum „Nachziehen" auf die Seite des Grills legen. Vorsicht beim Auswickeln des Bratens, denn die Folie ist voll mit köstlichem Bratensaft, den Sie am besten in ein Schüsselchen füllen und zum Fleisch servieren. Den Braten auf einem Holzbrett in dickere Scheiben schneiden.

■ Dazu passt gegrilltes Bauernbrot in Scheiben und dasselbe Bier, mit dem der Braten eingestrichen wurde.

So gut wie daheim, als man noch ein Kind war, kann etwas – vermeintlich – nie wieder schmecken. Die einen verknüpfen mit derlei komplexen Kindheitserinnerungen frischen Hefekuchen oder Grießbrei mit Birnenkompott, was später kein noch so begabter Koch oder bemühter Partner je hinbekommen würde. Andere schwärmen von dampfenden Tellern köstlicher Suppe, herrlich dicker Tomatensauce oder eben einem saftigen Braten wie diesem.

Mit solch einer Einstellung kann sich die Aufgeschlossenheit für kulinarisch Neues, Ungewohntes aber leicht verlieren.

Unser Vorschlag: Vielleicht reicht es ja, nur einen Bestandteil des verklärten Kinder-Festmahls zuzubereiten und dazu Passendes mit veränderten Zutaten zu komponieren. Wetten, dass dann selbst hartnäckige Nostalgiker sich für erweiterte Geschmacks-Erlebnisse begeistern können?!

Exotische Lendchen und Käsesteaks

8	**Schweinelendchen à ca. 80 g**
▪	**Salz**
▪	**frisch gemahlener weißer Pfeffer**
▪	**Saft von ½ Zitrone**
▪	**Saft von ½ Orange**
4 EL	**Erdnussöl**
2 EL	**Honig**
4	**Bananen**
4	**Scheiben Gouda**
8	**Streifen Räucherspeck**

Variante

Anstatt Schweinelendchen können Sie Koteletts, Steaks oder Filets nehmen und zusätzlich auch noch andere Obstsorten wie Birnen, Aprikosen, Pfirsiche oder Ananas mitbrutzeln.

Die Schweinelendchen salzen, pfeffern und mit Zitronensaft beträufeln. Den Orangensaft mit Erdnussöl und Honig verrühren und die Steaks von beiden Seiten damit bepinseln.

Die Bananen schälen, quer halbieren und der Länge nach durchschneiden. Die Käsescheiben passend zu den Bananen schneiden und die Bananen damit füllen. Jede Käsebanane mit einem Streifen Speck umwickeln.

Die Schweinelendchen und die Bananenstücke in eine oder zwei Grillschalen legen. Auf den Grillrost stellen und unter mehrmaligem Wenden in etwa 10 bis 15 Minuten knusprig grillen.

De gustibus non est disputandum – über Geschmack lässt sich nicht streiten, oder doch? Für Mittel-, West- und Nordeuropäer einigermaßen erstaunlich und gewöhnungsbedürftig dürfte sein, was in anderen Teilen der Welt heute so auf dem Grill landet und im Lauf der Jahrhunderte landete: Hundefleisch und Schlangen in China, in der Karibik findet man Meeresgetier wie Wellhornschnecken und Fliegende Fische bis zum „Mountain Chicken", einer speziellen Froschart, in Indien so ziemlich alles Essbare bis hin zu Heuschrecken – aber kein Rind.

Was uns Kleinasien und der Nahe Osten bieten, hält indes längst Einzug in unsere Küche: viel Lamm, Hammel und Geflügel. – Eigentlich müsste es heißen: Über Religion und Tradition lässt sich nicht streiten, oder? Nehmen wir einfach die Anregungen auf und setzen sie um.

Marinierte Lammkeule

Für 6–8 Personen

1 Lammkeule von
ca. 2,5 kg

Für die Marinade:

1 Liter Rotwein
2 Schalotten
oder kleine Zwiebeln
4 Knoblauchzehen
· Saft von 1/2 Orange
· Schale von
1 unbehandelten Zitrone
· einige Zweige Thymian
und Bohnenkraut
1 EL scharfer Senf
2 Lorbeerblätter
1 EL Wacholderbeeren
1 TL Pfefferkörner

Zum Grillen:

5 Knoblauchzehen
· frisch gemahlener
schwarzer Pfeffer
5 EL Olivenöl
· Salz

Die Lammkeule unter fließendem kaltem Wasser waschen, in ein großes Gefäß legen und mit Rotwein begießen. Die Schalotten und den Knoblauch schälen, grob zerschneiden und zusammen mit dem Orangensaft, der Zitronenschale und den anderen Würzzutaten zur Lammkeule geben. Das Fleisch abdecken und während der Marinierzeit von 1 bis 3 Tagen hin und wieder wenden.

Die Lammkeule aus der Marinade nehmen, Gewürze abstreifen und trockentupfen.

Zum Grillen: Die Knoblauchzehen schälen und in Stifte schneiden. Das Lammfleisch mit einem scharfen Messer einritzen und die Knoblauchstifte in die Ritzen stecken. Die Lammkeule leicht pfeffern und auf den Grillspieß stecken. Während der 1 1/2-stündigen Garzeit das Fleisch öfter mit Olivenöl bepinseln.

Die Keule vom Grillspieß nehmen, von allen Seiten salzen und in Alufolie wickeln. Für etwa 10 Minuten auf die Seite des heißen Grills zum Nachziehen legen.

Droht Ihre Grillparty „ins Wasser zu fallen" und Sie haben die Lammkeule bereits nach nebenstehendem Rezept vorbereitet, können Sie einfach so verfahren:

Die Keule in einem Bräter mit heißem Fett von allen Seiten anbraten und herausnehmen. Im Bratensatz etwa 500 Gramm klein gewürfeltes Gemüse wie Lauch, ungeschälte Schalotten, Sellerie oder Möhren anrösten.

Das Fleisch auf das Gemüsebett geben, kräftig würzen, mit 3/4 Liter Rotwein und 1/4 Liter Brühe angießen und die Flüssigkeit aufwallen lassen. Den Bräter mit Deckel in den auf etwa 160 °C aufgeheizten Backofen schieben.

Nach etwa 1 Stunde auf 100 Grad zurückdrehen und die Lammkeule weitere 4 Stunden vor sich hin schmurgeln lassen. Das Ergebnis ist ein zart rosa Fleisch, das auf der Zunge zergeht.

Lammkotelett-Varianten

Türkische Pirzola (Foto)

8–12	Lammkoteletts
1	mittelgroße Zwiebel
2	Knoblauchzehen
•	Salz
4 EL	Olivenöl
•	frisch gemahlener schwarzer Pfeffer
4	lange, nach Geschmack scharfe oder milde Peperoni
1 ½ TL	Oregano
4	frische rote Zwiebeln
4	mittelgroße Tomaten
1	Zitrone

Lammkoteletts mit Minzsauce

12	Lammkoteletts
5	Knoblauchzehen
•	ein paar Blättchen frische Minze
•	einige schwarze Pfefferkörner
•	Saft von 1 Zitrone
100 ml	Pflanzenöl

Für die Minzsauce:

1	Zwiebel
1 Bund	Minze
2 EL	Olivenöl
1 EL	Zucker
2 EL	Sherryessig
100 ml	Gemüsebrühe
50 g	Crème fraîche
•	frisch gemahlener weißer Pfeffer

Türkische Pirzola

Die Lammkoteletts abspülen und trockentupfen.

Die Zwiebel und den Knoblauch schälen, Zwiebel reiben, Knoblauch mit Salz im Mörser zerreiben, beides mit Öl und Pfeffer verrühren. Die Lammkoteletts in dieser Würzmischung marinieren und einige Stunden kühl stellen.

Zum Grillen die Koteletts von jeder Seite etwa 4 Minuten garen, am Rand die Peperoni mitgrillen.

Die roten Zwiebeln schälen und vierteln. Die Tomaten waschen, vom Stielansatz befreien und in Scheiben schneiden. Die Zitrone gegebenenfalls waschen, trockenreiben und ebenfalls in Scheiben schneiden.

Die fertigen Koteletts mit Oregano bestreuen und mit den Peperoni, den Zwiebelvierteln, Tomaten- und Zitronenscheiben anrichten.

Lammkoteletts mit Minzsauce

Den Knoblauch schälen und durchpressen oder sehr fein zerkleinern. Die Minzeblättchen säubern und fein wiegen. Die Pfefferkörner zerdrücken und mit dem Zitronensaft, dem Öl, der Minze und dem Knoblauch verrühren.

Die Koteletts damit von allen Seiten beträufeln, abdecken und mindestens 1 Tag marinieren lassen. Danach von der Marinade befreien und für 8 bis 10 Minuten auf den heißen Grillrost legen, dabei einmal wenden.

Für die Minzsauce: Die Zwiebel schälen und hacken. Die Minzeblättchen von den Stängeln zupfen, waschen, trockenschwenken und fein wiegen.

Die Zwiebelwürfel in heißem Olivenöl glasig andünsten. Den Zucker einstreuen und unter fortwährendem Rühren die Hälfte der Minze beimengen. Mit Sherryessig und Gemüsebrühe angießen. Einige Minuten köcheln lassen, dann den Topf vom Herd ziehen.

Crème fraîche und restliche Minze einrühren, nochmals abschmecken und lauwarm oder kalt servieren.

Schisch-Kebap mit Auberginen und Ayran

Für 4 Spieße:

500 g	Lammfleisch
8–9 EL	Olivenöl
3	dünne Auberginen
•	Salz
•	frisch gemahlener Pfeffer

Für 1 Liter Ayran:

800 g	Naturjogurt
200 ml	eisgekühltes Wasser
2–3	Prisen Salz
•	Eiswürfel nach Bedarf

Variante

Zwischen die Fleisch- und Auberginenstücke können noch Paprikastücke und Viertel von nicht zu großen Tomaten gesteckt werden.

Schisch-Kebap

Das Lammfleisch in etwa 2 bis 3 Zentimeter große Würfel schneiden und 1 Tag lang in 5 bis 6 Esslöffel Olivenöl marinieren.

Die Auberginen säubern und im Abstand von etwa 2 Zentimeter gleich große Streifen abschälen, wodurch ein Muster entsteht. Dann die Auberginen quer in daumenbreite Scheiben schneiden.

Das Fleisch aus der Marinade nehmen und abwechselnd mit den Auberginenscheiben auf die Spieße stecken. Die Auberginen mit dem restlichen Öl einpinseln.

Fleisch und Gemüse von jeder Seite etwa 7 bis 8 Minuten grillen, dann mit Salz und Pfeffer bestreuen und servieren.

Ayran

Den gut gekühlten Jogurt in einem geeigneten Gefäß – zum Beispiel aus Porzellan – mit dem Schneebesen aufschlagen und mit eiskaltem Wasser gut verrühren. Nach Geschmack mit etwas Salz würzen und möglichst bald servieren. Im Kühlschrank hält sich der fertige Jogurt-Trank etwa 1 Stunde frisch.

Wer es noch frischer mag, legt nach Geschmack einige Eiswürfel in ein hohes großes Glas, gießt Ayran darüber, rührt kurz und kräftig mit einem langstieligen Löffel um und dekoriert zum Servieren mit einem Zweig frischer Minze.

Schisch-Kebap – auch Kebab geschrieben – gehört zu den traditionellen türkischen Grillfleisch-Rezepten. Wie erwähnt sind Abwandlungen normal, je nachdem welches Gemüse gerade frisch zu haben ist.

Ayran ist eine uralte Zubereitung, fast überall im mittleren Asien verbreitet, wenn auch teils anders bezeichnet. Frische Milch hält sich klimatisch bedingt nicht lange genug, dagegen kann Sauermilch und Jogurt auch auf längere Reisen mitgenommen und frisch zubereitet werden. Das war früher zu Zeiten großer Eroberungszüge wichtig – und erfreut heutige Feinschmecker auch dann, wenn sie längst sesshaft geworden sind.

Ražnjići mit salata

Ražnjići

- **400 g Schweinefleisch**
- **400 g Kalbfleisch**
- **Salz**
- **frisch gemahlener Pfeffer**
- **⅛ Ltr Öl**
- **Lorbeerblätter**

Gemüsepaste salata

- **2 Auberginen**
- **je 2 rote und grüne Paprikaschoten**
- **1 Knoblauchzehe**
- **Salz**
- **Cayennepfeffer**
- **Essig**
- **Öl**

Ražnjići

Das Fleisch in Würfel schneiden, salzen, pfeffern, mit Öl übergießen und zugedeckt mehrere Stunden im Kühlschrank durchziehen lassen.

Danach abwechselnd Schweine- und Kalbfleischwürfel auf Spieße stecken und dazwischen jeweils ein kleines Lorbeerblatt.

Die Grillspieße über Holzkohle oder im Elektrogrill 15 bis 20 Minuten grillen und gelegentlich mit etwas Öl beträufeln.

Sehr gut passt außer der Gemüsepaste auch ein frisch zubereiteter, einfacher Tomatensalat aus gehackten Zwiebeln und Tomaten in Scheiben.

Gemüsepaste salata

Auberginen und Paprikaschoten im Backofen backen, kalt abschrecken und die Haut abziehen. Die Gemüse in einer Holzschüssel zu Brei verarbeiten. Den Knoblauch schälen, zerdrücken oder sehr fein schneiden.

Den Gemüsebrei mit Knoblauch, Salz und Cayennepfeffer pikant abschmecken und mit Essig und Öl zu einer geschmeidigen Paste verrühren.

Besonders gut kommt hier die Würzkraft von Lorbeerblättern zur Geltung. Der Echte Lorbeer *Laurus nobilis*, als einziger nicht-giftiger Vertreter der Lorbeergewächse, ist ein immergrüner Baum oder Busch und rund ums Mittelmeer verbreitet. In der Küche aller Anrainerländer, aber auch auf der ganzen Welt werden getrocknete, seltener frische Lorbeerblätter gerne verwendet. Selbst lange Garzeiten machen ihnen nichts aus, sie geben ihr Aroma langsam ab.

Dreierlei Schaschlik Bananensauce

Schaschlik
Für 12 Holz- oder Metallspieße

200 g	Rinderfilet
200 g	Schweinefilet
200 g	Lammfilet
200 g	Kalbsleber
100 g	Räucherspeck
1	mittelgroße Zwiebel
4	große Knoblauchzehen
1	Paprikaschote
100 g	frische Champignons
1	kleiner Zucchino
8–12	kleine Kirschtomaten
▪	Salz
▪	frisch gemahlener schwarzer Pfeffer
100 ml	Kräuter- oder Grillöl

Bananensauce

1	große reife Banane
1 TL	Honig
1	Prise Currypulver
▪	Saft von ½ Orange
▪	etwas Zitronensaft
200 g	saure Sahne
2 EL	Kokosraspel
1 EL	gehackte Petersilie
1 TL	scharfer Senf
▪	Salz
▪	frisch gemahlener schwarzer Pfeffer

Dreierlei Schaschlik

Die Filets in mundgerechte, gleichmäßige Stückchen schneiden. Die Leber in dünne, gut aufsteckbare Stückchen und den Räucherspeck in nicht zu dünne Stücke schneiden. Die Zwiebel schälen und vierteln. Die Viertel quer halbieren und in einzelne Schichten brechen.

Die Knoblauchzehen schälen und halbieren. Die Paprikaschote vierteln, waschen, entkernen und in passende Stücke schneiden. Die Champignons säubern, halbieren, größere eventuell vierteln. Den Zucchino waschen und in dünne Scheiben schneiden.

Auf 4 Spieße Rinder- und Schweinefilet abwechselnd mit Zwiebel- und Paprikastücken aufspießen. Auf die nächsten 4 Spieße Lammfilet, Kirschtomaten, einen Teil der Champignons und Knoblauch aufspießen. Die letzten 4 Spieße mit Kalbsleber, Speck, Zucchini und den restlichen Champignons bestücken.

Die Spieße salzen, pfeffern und üppig mit Grillöl bepinseln. Auf den Grill legen und unter mehrmaligem Wenden in etwa 15 Minuten knusprig braten. Zuerst die Leberspieße, dann die Lammspieße und zuletzt die Filetspieße servieren.

Bananensauce

Die Banane schälen und mit einer Gabel zu Mus zerdrücken. Mit Honig, Curry, Orangen- und Zitronensaft verrühren. Saure Sahne, Kokosraspel, Petersilie, Senf, Salz und Pfeffer hineinrühren und sofort servieren.

Die exotisch-fruchtige Bananensauce passt nicht nur zu den dreierlei Schaschlik-Spießen, sondern auch zu anderen Fleischstücken vom Grill.

Unser Tipp:
Beim Grillfest einfach selbst probieren, welche Kombinationen am besten schmecken!

Ćevapćići

300 g **Rindfleisch**
300 g **Lammfleisch**
· **Salz**
· **frisch gemahlener Pfeffer**
1 EL **Delikatesspaprika**
· **Öl**
1 **Knoblauchzehe**

Für die Garnitur:
· **Zwiebel**
· **Tomaten**
· **grüne Paprika**

Das Fleisch in Würfel schneiden, mit Salz, Pfeffer und Paprikapulver würzen, etwas Öl hinzufügen, alles gut mischen und ein paar Stunden im Kühlschrank stehen lassen.

Danach den Knoblauch schälen und mit dem Fleisch zweimal durch den Fleischwolf drehen. Aus der so entstandenen Masse mit feuchten Händen etwa 5 Zentimeter lange, fingerdicke Röllchen formen, auf eine Platte legen, mit Folie abdecken und eine weitere Stunde in den Kühlschrank stellen.

Dann die Ćevapćići auf dem Rost oder der Grillplatte bei mäßiger Hitze in etwa 8 bis 10 Minuten von allen Seiten grillen. Bei Bedarf noch einmal mit etwas Öl bestreichen und vorsichtig mehrmals wenden, damit sie gleichmäßig gegart werden.

Ćevapćići werden mit viel frisch gehackter Zwiebel, mit grünen Paprikaringen, mit Ajvar (s. Rezept S. 100) und Tomatenvierteln am stilvollsten auf einem Holzteller serviert.

Jugoslawien wie zu Zeiten des Nationalhelden Josip Broz Tito gibt es längst nicht mehr. Der gebürtige Kroate verfolgte seiner Zeit einen von Moskau mehr oder weniger unabhängigen sozialistischen Weg. Unter westlichen Linken stritt man sich indes, ob das noch Sozialismus sei oder nicht.

Unabhängig von der Ideologie vergangener Zeiten waren die Anregungen der südslawischen – jugoslawischen – Küche überall willkommen. Ćevapćići darf als eine Art Botschafter Nummer eins für die nationale Küche gelten.

Viele, viele Rezepte mit unterschiedlichem Anteil Fleischsorten und Gewürzen sind bekannt. Zubereitet werden können Ćevapćići außer auf dem Grill auch in der Pfanne.

Eines soll aber unter Kennern unbestritten sein: „Wer den Hammel missachtet und sich den Holzkohlenrauch nicht gönnt, muss sich zwei Sünden verzeihen, ehe er Zwiebeltränen weinen darf."

Pljeskavica

400 g	**Schweinefleisch**
400 g	**Kalbfleisch**
3	**mittelgroße Zwiebeln**
3	**Peperoni**
▪	**Salz**
▪	**frisch gemahlener Pfeffer**
▪	**Edelsüßpaprika**
▪	**Öl**

Für die Garnitur:
- **rote Zwiebeln**

Tipp:
Wer empfindlich ist, behandelt die Peperoni mit Gummihandschuhen, vor allem wenn es sich um eine scharfe Sorte handelt.

■ Das Fleisch durch den Fleischwolf drehen. Die Zwiebel schälen und fein hacken, die Peperoni aufschneiden, entkernen und ebenfalls fein hacken.

■ Zwiebeln und Peperoni unter die Fleischmasse mischen, mit Salz, Pfeffer und Paprikapulver würzen und alles zusammen noch einmal durch den Fleischwolf drehen.

■ Aus der Masse kleine, höchstens handtellergroße Laibchen formen, mit Folie abdecken und für 3 bis 4 Stunden in den Kühlschrank stellen.

■ Danach die Pljeskavica mit Öl bestreichen und auf dem geölten Grillrost auf beiden Seiten je 8 bis 10 Minuten garen.

■ Pljeskavica werden gerne mit viel Zwiebeln – rote in Ringen oder frisch gehackt, oft auch mit Ajvar (s. Rezept S. 100) serviert. Ebenso gut schmeckt Paprika-Tomaten-Gemüse dazu, frisch und mit Biss wie auf dem Bild gezeigt, oder das Gemüsepüree namens Pindžur aus Paprika, Tomaten und Auberginen (ebenfalls s. S. 100).

Gerichte aus Hackfleisch kennt man rund um die Welt – sie sind also keineswegs eine Erfindung der Firma MacDonald. Andererseits darf wohl auch die Mär, montenegrinische Urahnen, die nach Amerika gingen, hätten den Hamburger erfunden, getrost ad acta gelegt werden.
Wie auch immer dieser „Urheber-Rechtsstreit" ausgehen mag oder ob er jemals entschieden werden kann: Wir dürfen eine besonders variantenreiche Hackfleischküche im gesamten Südosten Europas bis weit in den Nahen Osten feststellen.

Adana-Kebap
Pide

Adana-Kebap

Für 4 Spieße:

1	mittelgroße Zwiebel
500 g	mittelfettes Rinder- oder Lammhackfleisch, event. gemischt
▪	Salz
▪	frisch gemahlener Pfeffer
ca. 1 Msp.	Kreuzkümmel
1 TL	scharfes Paprikapulver
1 Prise	Cayennepfeffer
1 TL	Öl

Für die Garnitur:

- rote Zwiebel
- Salatgurke
- Radieschen oder Rettich
- Tomaten
- glattblättrige Petersilie

Pide, Fladenbrot

Für 1 großes oder 2 kleine Brote:

1	Päckchen Hefe (42 g)
500 g	Weizenmehl
1/2 TL	Salz
▪	etwas Öl für die Hände und das Blech
1	Eigelb
1 TL	Zucker
1 TL	Olivenöl
2 EL	Sesamsamen
1 TL	schwarzer Kümmel

Adana-Kebap

■ Die Zwiebel schälen und fein hacken oder reiben. Mit dem Hackfleisch, mit Salz, Pfeffer und den anderen Gewürzen mindestens 10 Minuten gut verkneten.

■ Anschließend das Fleisch in 4 Portionen teilen und zu Rollen von etwa 15 bis 17 Zentimeter Länge formen. Diese auf geölte Spieße stecken und fest andrücken.

■ Kebap auf dem Grill von allen Seiten braten, doch jeweils nur so lang, dass das Fleisch nicht zu trocken wird.

■ Besonders appetitlich angerichtet werden Adana-Hackfleischspieße mit frischen Zwiebelvierteln, Gurkenscheiben, Rettichscheiben, Radieschen – am Stück oder in Scheiben geschnitten – und Tomatenvierteln oder -achteln auf glattblättriger Petersilie.

Pide

■ Die Hefe in 1/8 Liter lauwarmem Wasser auflösen. Das Mehl in eine große Schüssel sieben, mit den Händen lockern. In die Mitte eine Vertiefung drücken und die Hefemischung hineingeben, Salz an den Rand streuen. Von der Mitte aus die Hefe mit dem Mehl verrühren, noch rund 1/8 Liter warmes Wasser zugießen, erst rühren, dann verkneten.

■ Hände etwas einölen, damit der Teig nicht an den Fingern klebt. Er sollte weich und geschmeidig sein. Den Teig an einem warmen Platz bedeckt etwa 30 Minuten gehen lassen, bis er sein Volumen verdoppelt hat.

■ 1 größeren oder 2 kleinere runde, flache Fladen formen, wobei die Ränder etwas dicker als die Mitte sein sollten, und auf ein gefettetes Blech legen. Mit dem nassen Zeigefinger regelmäßige Vertiefungen eindrücken, sodass ein Rautenmuster entsteht.

■ Eigelb, Zucker, Olivenöl und 1 Esslöffel Wasser verrühren. Den oder die Fladen damit einpinseln sowie mit Sesam und schwarzem Kümmel bestreuen.
Nochmals 15 Minuten gehen lassen.

■ Im vorgeheizten Ofen bei 225 °C 20 bis 30 Minuten backen, bis das Brot sich golden färbt.

Gemischte Würstchen Zwiebelsahne

Gemischte Würstchen

8	Wiener Würstchen
8	frische Datteln
16	Scheiben Räucherspeck
200 g	Leberkäse oder Fleischkäse
4	Scheiben Ananas
1 Ring	Fleischwurst
1 TL	Currypulver
4 EL	Pflanzenöl
2	Bratwurstschnecken oder 8 Nürnberger Rostbratwürstchen
4–8	Scheiben Schmelzkäse

Zwiebelsahne

50 g	Räucherspeck
4	mittelgroße Zwiebeln
4	Knoblauchzehen
1 Bund	Petersilie
50 ml	Olivenöl
100 ml	Brühe, ersatzweise Weißwein
▪	Salz
▪	frisch gemahlener schwarzer Pfeffer
▪	edelsüßes und rosenscharfes Paprikapulver
1 TL	Kümmel
4 cl	Sherry
1 EL	scharfer Senf
200 ml	süße Sahne

Gemischte Würstchen

Die Wiener Würstchen und die Datteln jeweils mit einer Scheibe Speck umwickeln, wenn nötig mit kleinen Holzspießen feststecken. Den Leberkäse und die Ananas in spießgerechte Stücke schneiden und abwechselnd auf Spieße stecken.

Den Ring Fleischwurst in 4 Stücke schneiden. Jedes Stück auf einer Seite kreuz und quer einschneiden. Das Currypulver mit dem Öl verrühren und die Wurststücke damit einpinseln. Alles auf den heißen Grillrost legen und von allen Seiten knusprig grillen.

Die gegrillten Bratwurstschnecken oder Rostbratwürstchen auf Alufolie legen, mit Käse belegen und überschmelzen lassen.

Bei vielen Kindern sind Würstchen immer noch die absolute Favoriten. Deshalb sollten Sie für die gemischte Würstchenparty möglichst viele Sorten zur Auswahl haben. Ihr Metzger wird Ihnen bestimmt fünf bis zehn verschiedene geeignete Grillwürste empfehlen können.

Zwiebelsahne

Den Speck fein würfeln. Die Zwiebeln und den Knoblauch schälen und in Streifen schneiden. Die Petersilie von den Stängeln zupfen, waschen, trockenschwenken, fein wiegen und beiseite stellen. Das Olivenöl in einem Topf erhitzen. Die Speckwürfel darin kurz anbraten, das Zwiebel-Knoblauch-Gemisch zugeben, 15 bis 20 Minuten durchdünsten und dabei ein paar Mal mit Brühe oder Weißwein angießen. Mit den Gewürzen, Sherry und Senf pikant abschmecken.

Die Petersilie einstreuen, zuletzt mit Sahne aufgießen und weitere 5 Minuten leise köcheln.

Am besten lauwarm mit frischem Stangenweißbrot servieren.

Scharfe Spareribs
Marinierte Hühnerbeinchen

Scharfe Spareribs

1,5 kg	Spareribs (Schweinerippchen)
▪	Salz
▪	frisch gemahlener schwarzer Pfeffer
▪	edelsüßes und rosenscharfes Paprikapulver
1	frische Chilischote
6	Knoblauchzehen
50 g	Zigeunersauce
50 g	Tomatenketchup
1 EL	Honig
1/8 Ltr	Pflanzenöl
▪	etwas Tabasco
2–3 EL	süße Sahne

Marinierte Hühnerbeinchen

12	Hühnerschenkel
▪	Salz
▪	frisch gemahlener weißer Pfeffer
1 Prise	edelsüßes Paprikapulver
1 EL	brauner Zucker
2 EL	dunkle Sojasauce
▪	Saft von 1/2 Zitrone
▪	Saft von 1 Orange
1/8 Ltr	Pflanzenöl
2	Knoblauchzehen
1 Prise	Cayennepfeffer

Scharfe Spareribs

Die Schweinerippchen entlang den Knochen durchschneiden, sodass einzelne Rippchen entstehen. Diese unter fließendem kaltem Wasser waschen (wegen der Knochensplitter) und mit Küchenkrepp trockentupfen. Die Rippchen von allen Seiten mit Salz, Pfeffer, dem edelsüßen und dem rosenscharfen Paprikapulver einreiben.

Die Chilischote säubern, entkernen und sehr fein hacken. Den Knoblauch schälen und in eine Presse geben. Zigeunersauce und Tomatenketchup mit dem Chili, durchgepresstem Knoblauch, Honig, Pflanzenöl und Tabasco gut verrühren. Mit Salz, Pfeffer und Sahne abschmecken.

Die Spareribs mit der Marinade bepinseln, auf eine Grillschale legen und auf dem Holzkohlengrill bei mittlerer Hitze unter häufigem Wenden in etwa 25 Minuten grillen.

Marinierte Hühnerbeinchen

Die Hühnerschenkel waschen und trockentupfen. Mit Salz, Pfeffer und Paprika von allen Seiten einreiben.

Den Zucker mit Sojasauce, Zitronen- und Orangensaft und Pflanzenöl verrühren. Den Knoblauch schälen und durch eine Presse in das Öl drücken. Mit Cayennepfeffer abschmecken.

Die Hühnerbeinchen mit dem Grillöl von allen Seiten einpinseln und in eine Grillschale legen. Die Grillschale auf den heißen Holzkohlengrill stellen und die Hühnerbeinchen unter mehrmaligem Wenden und Nachpinseln in etwa 20 Minuten garen.

Kräuterhähnchen
Geschichtete Tomaten

Kräuterhähnchen

- **2** küchenfertige Hähnchen
- **Salz**
- frisch gemahlener weißer Pfeffer
- **½ TL** edelsüßes Paprikapulver
- **2** unbehandelte Zitronen
- **2 Bund** Petersilie
- **50 g** flüssige Butter

Geschichtete Tomaten

- **4** große Fleischtomaten
- **2** Kugeln Mozzarella à 125 g
- einige Basilikumblättchen
- **3 EL** Olivenöl
- **Salz**
- frisch gemahlener weißer Pfeffer

Variante

Für die geschichteten Tomaten kann jeder beliebige Käse, zum Beispiel Gouda oder Edamer, verwendet werden. Nach Belieben die Tomaten mit mehr Kräutern und Knoblauch verfeinern.

Kräuterhähnchen

Die Hähnchen unter fließendem kalten Wasser innen und außen gründlich waschen und mit Küchenkrepp trockentupfen. Innen und außen salzen, pfeffern und mit Paprikapulver einreiben.

Die Zitronen waschen und vierteln. Die Petersilie waschen und zusammen mit den Zitronenvierteln in das Innere der beiden Hähnchen stecken. Die Schenkel und Flügel mit Küchengarn eng an den Körper binden und die Hähnchen auf Drehspieße stecken oder in den Bratkorb klemmen. Rundherum mit der Butter bepinseln und während der Garzeit von etwa 1 Stunde öfter nachpinseln.

Die Hähnchen auf ein Fleischbrett legen und jeweils in 4 Portionsstücke teilen.

Wer nur über einen einfachen Grill verfügt, kann die küchenfertigen Hähnchen in 4 Teile schneiden, jedes Portionsstück von allen Seiten salzen, pfeffern, mit Paprikapulver einreiben und in eine Grillschale legen. Dann mit flüssiger Butter bepinseln und unter mehrmaligem Wenden etwa 20 Minuten grillen.

Geschichtete Tomaten

Die Tomaten waschen, Stielansätz entfernen, in dünne Scheiben schneiden. Mozzarellakugeln halbieren und die Hälften in Scheiben schneiden.
Die Basilikumblättchen säubern und grob zerschneiden.

Dann 4 gleich große Alufolienblätter auf eine Arbeitsfläche legen und mit Olivenöl bepinseln. Auf jedes Blatt eine Tomate in Scheiben abwechselnd mit Mozzarella schichten. Jede Lage mit etwas Olivenöl beträufeln, mit Basilikum belegen, leicht salzen und pfeffern. Die geschichteten Tomaten gut einpacken und auf den Grill legen.

Nach etwa 10 Minuten als Beilage servieren.

Giant Burgers
Chicken Wings

Giant Burgers

4	**Eisbergsalatblätter**
4	**Hamburger-Brötchen**
1	**Zwiebel**
1	**Fleischtomate**
1	**Gewürzgurke**
1 kg	**Rinderhackfleisch**
▪	**Salz**
▪	**frisch gemahlener schwarzer Pfeffer**
▪	**Pflanzenöl zum Bestreichen**
▪	**scharfer Senf**
▪	**Mayonnaise**
▪	**Tomatenketchup**

Chicken Wings

1,5 kg	**küchenfertige Hühnerflügel**
▪	**Salz**
▪	**Worcestershiresauce**
80 g	**Butter**
1 EL	**Honig**
▪	**nach Belieben Tabasco**

Für die Sauce:

1/2 Bund	**Petersilie**
200 g	**Gorgonzola oder anderer Blauschimmelkäse**
50 ml	**süße Sahne**
50 g	**Mayonnaise**
50 g	**Crème fraîche**
▪	**Saft von 1/2 Zitrone**
4	**Stangen Staudensellerie**

Giant Burgers

Den Eisbergsalat waschen, trockenschwenken und in für das Brötchen passende Stücke teilen.

Die Zwiebel schälen und in dünne Ringe schneiden. Die Tomate waschen und ebenso wie die Gewürzgurke in Scheiben schneiden. Das Rinderhackfleisch salzen, pfeffern und in 4 Portionen teilen. Jede Fleischportion zu Hamburgern formen und mit Pflanzenöl bestreichen. Auf den heißen Grillrost legen und unter mehrmaligem Wenden knapp 10 Minuten braten.

Die Hamburger-Brötchen quer durchschneiden und mit den Schnittflächen nach unten auf die Seite des Grills legen.

Jeder Gast bestreicht die Unterseite des warmen Brötchens mit Senf und Mayonnaise. Darauf werden Zwiebeln, Tomaten- und Gurkenscheiben, Eisbergsalat und dann der gegrillte Hamburger platziert. Mit viel Ketchup bestreichen, dann die zweite Hälfte des Hamburger-Brötchens drauf und reinbeißen. So richtig köstlich und ganz amerikanisch wird es, wenn es an allen Seiten heraustropft. Für genügend große Servietten sorgen!

Chicken Wings

Die Hühnerflügel unter fließendem kaltem Wasser gründlich waschen, anschließend trockentupfen. Mit Salz und etwas Worcestershiresauce einreiben.

Die Butter leicht erwärmen und mit Honig und nach Belieben mit Tabasco glatt rühren. Die Hühnerflügel mit der Buttermischung einstreichen, in Grillschalen legen und auf dem heißen Grill unter mehrmaligem Wenden in etwa 20 Minuten knusprig grillen.

Für die Sauce die Petersilie von den Stängeln zupfen, waschen, trockenschwenken und fein wiegen. Den Käse grob zerschneiden und mit der Sahne zermusen. Mayonnaise, Crème fraîche, Zitronensaft und Petersilie dazurühren und abschmecken.

Den Staudensellerie zum Dippen für die Sauce in kleine Stückchen schneiden.

Tipp:

Die gegrillten Hamburger mit Käse belegen und für Cheeseburgers überschmelzen.

Schweinewecken
Speckkartoffeln

Schweinewecken

1	rohes Schweinenetz (beim Metzger vorbestellen)
2	Zwiebeln
2	Knoblauchzehen
1/2 Bund	Petersilie
1 EL	Butter
100 ml	süße Sahne
600 g	grob gehacktes Schweinefleisch
▪	Salz
▪	frisch gemahlener schwarzer Pfeffer
1/2 TL	gemahlener Salbei
1	Ei
5 EL	Grillöl

Speckkartoffeln

1 kg	Kartoffeln
▪	Salz
4	große Weißkohlblätter
1/2 TL	Kümmel
▪	edelsüßes und rosenscharfes Paprikapulver
▪	frisch gemahlener schwarzer Pfeffer
200 g	dünne Räucherspeckscheiben
5 EL	Grillöl

Schweinewecken

Das Schweinenetz in eine Schüssel legen, mit kaltem Wasser begießen und etwa 1 Stunde ruhen lassen.

Die Zwiebeln und den Knoblauch schälen und hacken. Die Petersilie von den Stängeln zupfen, waschen, trockenschütteln, fein wiegen und beiseite stellen.

Die Butter in einer Pfanne erhitzen, die Zwiebel-Knoblauch-Mischung darin glasig dünsten. Die Petersilie beimengen, mit Sahne aufgießen, die Pfanne vom Herd ziehen.

Das Hackfleisch mit dem Pfanneninhalt, mit Salz, Pfeffer, Salbei und dem Ei zu einem geschmeidigen Teig verkneten.

Das Schweinenetz aus dem Wasser nehmen, vorsichtig ausbreiten und in etwa 12 Teile schneiden. Den Teig in kleine Fleischportionen teilen, mit den Schweinenetzstücken umhüllen und flach drücken. Jeden Schweinewecken mit Öl bepinseln und in eine Grillschale legen.

Auf dem heißen Grillrost unter mehrmaligem Wenden in etwa 20 Minuten garen.

Speckkartoffeln

Die Kartoffeln waschen und in Salzwasser fast gar kochen.

Die Weißkohlblätter in kochendem Salzwasser blanchieren, kalt abbrausen und abtropfen lassen.

Die Kartoffeln abgießen, schälen und in spießgerechte, gleich große Stücke schneiden. Salzen, mit Kümmel, den beiden Sorten Paprika und Pfeffer würzen. Den Weißkohl in kleine Stücke schneiden. Kartoffeln und Weißkohl abwechselnd auf Spieße stecken und die Speckstreifen um die fertigen Spieße wickeln. Die Speckkartoffeln nochmals würzen und mit Grillöl bepinseln.

Auf dem Holzkohlengrill unter mehrmaligem Wenden in knapp 10 Minuten knusprig grillen.

Tipp:

Man kann die Speckkartoffeln auch mit Zwiebelstücken und Zucchinischeiben kombinieren. Dazu Grillwürste, Senf, frisches Brot und kühles Bier servieren.

Gemischter Fischgrill mit Krebsbutter

je 2	**küchenfertige Makrelen und Forellen**
▪	**Salz**
▪	**frisch gemahlener weißer Pfeffer**
400 g	**gemischte Meeresfrüchte und Fische wie Krabben, Stücke vom Tunfisch, Tintenfisch, Aal**
1 Bund	**frische gemischte Kräuter wie Kerbel, Thymian, Oregano, Basilikum oder Schnittlauch**
½ Bund	**Petersilie**
5	**Knoblauchzehen**
4	**unbehandelte Zitronen**
100 ml	**Olivenöl**
50 ml	**Weißwein**
50 g	**Mandelblättchen**

Krebsbutter

100 g	**gepresstes, konserviertes Krebsfleisch**
▪	**Saft von ½ Zitrone**
2 cl	**Noilly Prat oder Wermut**
1 Spritzer	**Tabasco**
125 g	**zimmerwarme Butter**
1 EL	**gehackter Dill**
▪	**Salz**
1 Prise	**Cayennepfeffer**

Fischgrill

Die ganzen Fische unter fließendem kaltem Wasser gründlich waschen. Leicht salzen, pfeffern und jeden Fisch einzeln auf ein großes Stück Alufolie legen.

Die Meeresfrüchte und Fischstücke waschen und in einem Sieb abtropfen lassen.

Die Kräuter von den Stängeln zupfen, waschen, trockenschwenken und fein wiegen. Die Petersilie waschen und ganz lassen.

Den Knoblauch schälen und hacken. 2 Zitronen auspressen.

In einer Schüssel Kräuter, Knoblauch, Zitronensaft, Olivenöl und Weißwein verrühren. Die anderen beiden Zitronen waschen, trockenreiben und in Scheiben schneiden. Die ganzen Fische mit Zitronenscheiben und Petersilienstängeln füllen. Mit etwas Kräutermarinade bepinseln und locker in den Folien verpacken.

Die Meeresfrüchte-Fisch-Stücke mit der restlichen Kräutermarinade und den Mandelblättchen vermengen. Auf 4 Stücke Alufolie verteilen und einhüllen.

Die Fische auf dem Grillrost je nach Größe etwa 20 Minuten garen; die Meeresfrüchte-Fisch-Stücke entsprechend kürzer.

Krebsbutter

Das Krebsfleisch fein hacken. Mit Zitronensaft, Noilly Prat oder Wermut und Tabasco in die Butter einrühren. Mit Dill, Salz und Cayennepfeffer abschmecken. Die Krebsbutter in einen Spritzsack füllen und auf einen Teller Rosetten aufspritzen. Im Gefrierschrank kurzfristig kühlen oder, wenn mehr Zeit ist, im Kühlschrank steif werden lassen.

Für das Grillen wird viel Saft und Fett benötigt. Für diese Zubereitung sollten Sie keinen zu mageren Fisch verwenden, da er sonst austrocknen würde. Es eignen sich besonders gut: Aal, Bückling, Hering, Makrele, Lachs, Forelle, Schwertfisch oder Barbe. Krebsbutter kann man auch fertig kaufen. Sie weist einen wesentlich intensiveren Geschmack auf. Anstatt Krebsfleisch kann auch das von Garnelen oder Scampi oder sogar Kaviar verwendet werden.

In Weinblättern gegrillte Makrelen

4 küchenfertige Makrelen, je 350–400 g
- Salz
- grob gemahlener Pfeffer
4 Rosmarinzweige
4 Lorbeerblätter
8 Scheiben von unbehandelten Zitronen
100 g eingelegte Weinblätter (gibt es lose oder im Glas)

- Küchengarn zum Binden

Tipp:

Sollte Ihr Grillfest vom Freien ins Haus verlagert werden müssen, so lassen sich die Makrelen auch im Backofen bei 220 °C gut zubereiten.

Die Makrelen abspülen, trockentupfen, an jeder Seite 2 Schnitte anbringen und mit etwas Salz und Pfeffer innen und außen einreiben. Je 1 Rosmarinzweig und 1 Lorbeerblatt in die Bauchöffnungen legen. Die Zitronenscheiben halbieren, in jeden Einschnitt 1 halbe Scheibe stecken.

Die Weinblätter kalt abspülen und abtropfen lassen. Je ein Viertel der Blätter überlappend nebeneinander legen, 1 Makrele darauf betten, in die Blätter einwickeln und mit Küchengarn so zusammenbinden, dass sich die Blätter nicht lösen können.

Die Makrelen auf dem Holzkohlen- oder unter dem Elektrogrill von jeder Seite 6 bis 7 Minuten braten. Dabei zwischen Rost und Glut bzw. Grillstäben einen Abstand von etwa 25 Zentimetern lassen, damit die Blätter nicht verkohlen.

Die fertigen Makrelen auf ein großes Brett legen, die Bindfäden lösen und die Fische in den Weinblättern servieren.

Gut passen dazu eine Sauce Vinaigrette (siehe rechts) sowie Fladenbrot (siehe Rezept S. 44), leicht mit Olivenöl und Thymian eingerieben und kurz auf dem Grill aufgebacken.

Frische Makrelen sind eine gesuchte Delikatesse, mit fettem, aber dank Omega-3-Fettsäuren sehr gesundem Fleisch versehen. Ähnlich vorbeugend gut gegen Herz-Kreislauf-Erkrankungen kann der Genuss von Lachs, Hering, Tunfisch und Sardine wirken.

Dies wussten höchstwahrscheinlich weder die Griechen, als sie ihre allseits beliebte Fischsauce namens Garum herstellten, noch die Römer, bei denen das gleiche, in großen Mengen produzierte Würzmittel Liquamen hieß – sozusagen ein antikes Vorbild für Soja- oder Worcestershiresauce oder Maggi-Würze unserer Zeit. Gesalzene, an der Sonne getrocknete Makrelen und Sardinen waren Hauptbestandteil der Fischsauce, die zum Beispiel in Pompeji unter dem Vesuv, dem spanischen Cartagena oder Leptis Magna an der nordafrikanischen Küste im heutigen Libyen hergestellt wurde.

Wer ein Rezept für Sauce Vinaigrette braucht, violà: 100 Milliliter Olivenöl, 4 bis 5 Esslöffel Zitronensaft, Salz, Pfeffer, 1 Prise Zucker und reichlich gehackte, gemischte Kräuter wie Petersilie, Dill, Basilikum, Zitronenmelisse und Thymian gut vermengen und zu Fisch und Brot reichen.

Gegrillte Rotbarben mit Rauke

Zutaten für 4 bis 6 Portionen:

ca. 1 kg	**küchenfertige Rotbarben**
1	**Zitrone**
3	**Knoblauchzehen**
1 Bund	**glattblättrige Petersilie**
5–6 EL	**Olivenöl**
•	**Salz**
•	**frisch gemahlener Pfeffer**
1–2 Bund	**Rauke**

Die Fische – vom Händler bereits ausgenommen und geschuppt – unter fließendem kaltem Wasser abspülen und mit Küchenkrepp trockentupfen.

Die Zitrone auspressen, den Knoblauch schälen und durchpressen oder sehr fein schneiden, die Petersilie waschen, trockenschwenken, die Blätter abzupfen und hacken.

Olivenöl mit Zitronensaft, Salz, Pfeffer, Knoblauch und Petersilie verrühren.

Die Fische in dieser Marinade wenden und 1 Stunde kühl ruhen lassen. Für ein Picknick auswärts können sie so mitgenommen werden.

Dann die Fische aus der Marinade nehmen – diese aufbewahren – und auf dem Grill von beiden Seiten garen.

Die Marinade kann noch durch etwas Zitronensaft, Olivenöl und Gewürze gestreckt und beim Essen mit Brot aufgetunkt werden. Ideale Beilagen sind Rauke – roka oder Rucola – und Brot: Weißbrot, kurz mitgegrillt, oder wie zu so vielen Grillgerichten das Fladenbrot.

Rauke, italienisch Rucola, ist eine wunderbare Salatpflanze. Sie zeichnet sich durch säuerliches, leicht scharfes Aroma aus und braucht eigentlich kaum weitere Zutaten, um voll zur Geltung zu kommen. Gerade in diesem türkischen Rezept wird empfohlen, die gewaschenen Raukenblätter mit den Stielen einfach zum Fisch zu legen, weil sie pur aus der Hand gegessen werden können.

Schornsteinfeger

1 kg frische Ostseeheringe (Strömlinge)
· Salz
2 EL Butter
5 EL Öl

Für die Sauce:

1 Bund Dill
¹/₂ Bund Petersilie
1–2 TL Kapern
¹/₈ Ltr süße Sahne
125 g saure Sahne
· Salz
· frisch gemahlener weißer Pfeffer

Die Heringe ausnehmen, Köpfe und Flossen entfernen, die Fische gut waschen und mit Küchenkrepp trockentupfen. Die Fische mit Salz einreiben.

Die Butter leicht erwärmen, das Öl zufügen und gut vermengen. Die Fische mit der Mischung von allen Seiten bepinseln und je nach Größe auf dem Grill in etwa 7 bis 10 Minuten knusprig und goldbraun grillen.

Für die Sauce: Die Kräuter waschen, trockenschwenken, Dill und Petersilie hacken, Schnittlauch und Kapern klein schneiden. Süße und saure Sahne mit der Hälfte der Kräuter verrühren. Die Sauce mit Kapern, Salz und Pfeffer abschmecken.

Die Fische mit den restlichen Kräutern bestreuen. Die Sahnesauce getrennt servieren.

Sehr gut schmecken frisch zubereitete, noch dampfende Pellkartoffeln dazu.

Dieses rustikal-frische Rezept stammt aus Schweden und heißt im Original *Sotare*. Der Name rührt von der ursprünglichen Art der Zubereitung: Grillen über dem nur noch glimmenden Feuer, das man im Freien oder im Kamin entfacht hatte. Wenn wir die Abbildung berücksichtigen, ist es besonders typisch, Birkenscheite zu verwenden. Doch auch mit anderem Holz kann der typisch rauchige Geschmack erzielt werden, der dazugehört.
Nur in der Pfanne funktioniert das mit dem Geschmack nicht, die Fische werden aber ebenfalls gut gegart, falls Sie sich kurzfristig vor einem Regenschauer zurückziehen müssen.

Gefüllter Barsch

4	mittelgroße küchenfertige Barsche
▪	Salz
▪	frisch gemahlener weißer Pfeffer
▪	Saft von 1 Zitrone
½ Bund	Petersilie
½ Stange	Lauch
250 g	frische Champignons
1 EL	Butter
4 EL	trockener Weißwein
100 ml	süße Sahne
1 EL	geriebener Parmesan
5 EL	Olivenöl

Die Fische unter fließendem kaltem Wasser gründlich waschen, anschließend mit Küchenkrepp trockentupfen. Innen und außen leicht salzen, pfeffern und mit Zitronensaft beträufeln.

Die Petersilie von den Stängeln zupfen, waschen, trockenschwenken, fein wiegen und beiseite stellen. Das Grün vom Lauch wegschneiden, das Weiße der Länge nach halbieren, waschen und in feine Streifen schneiden. Die Champignons putzen und feinblättrig schneiden.

Die Butter heiß schäumend erhitzen und darin die Lauchstreifen sowie die Champignons andünsten. Sobald der Pilzsaft aufgesogen ist, die Petersilie einstreuen und den Weißwein zugießen.

Die Sahne mit dem Käse verrühren und in die Pilzpfanne geben. Mit Salz und Pfeffer gut würzen. Auf einer Arbeitsfläche 4 große Stücke Alufolie zurechtlegen und mit Olivenöl bepinseln. Die Barsche auf der Folie mit der Pilzmischung füllen und sorgfältig verpacken. Die Päckchen auf den Grill legen, mehrmals wenden und in etwa 20 Minuten garen.

Dazu passt ein schlichter grüner Salat und ein Gläschen von dem bereits zum Kochen verwendeten Weißwein.

Die Familie der „Barschartigen Fische" (Perciformes) umfasst etwa 180 Arten. Zu den bekanntesten Barschen gehört der Flussbarsch, auch als Egli bezeichnet. Mit einer Länge von etwa 40 Zentimetern ist dieser Raubfisch in europäischen Gewässern, aber auch in Sibirien zu finden. Der Zander ist die größte einheimische Barschart. Weitere wichtige Vertreter der Barschfamilie sind Zackenbarsch, Rotbarsch, Seebarsch und Wolfsbarsch. Für unsere Zubereitung sind zu empfehlen: 4 bis 5 kleinere mittelgroße Barsche von etwa 500 bis 600 Gramm Gewicht oder 2 Zackenbarsche von je etwa 1 Kilogramm oder ein Zander mit etwa 2 Kilogramm.

Verpackter Lachs
Garnelencreme

Verpackter Lachs

4	**Scheiben Lachsfilet ohne Haut à ca. 180 g**
·	**Salz**
·	**frisch gemahlener weißer Pfeffer**
·	**Saft von 1 Zitrone**
2 EL	**Aceto Balsamico**
50 ml	**Olivenöl**
½ Bund	**frische Kräuter wie Petersilie, Basilikum oder Kerbel**
2	**Knoblauchzehen**
100 ml	**trockener Weißwein**

Garnelencreme

100 g	**geschälte Garnelen**
·	**Saft von ½ Zitrone**
·	**etwas Worcestershiresauce**
·	**einige Zweige Dill und Zitronenmelisse**
1	**kleine Zwiebel**
1	**kleine Gewürzgurke**
3	**Eigelb**
1 EL	**scharfer Senf**
200 ml	**Olivenöl**
·	**Salz**
·	**frisch gemahlener schwarzer Pfeffer**

Verpackter Lachs

Die Lachsfilets waschen und trockentupfen. Gut salzen und pfeffern und mit Zitronensaft und Aceto Balsamico beträufeln.

Dann 4 große Stücke Alufolie auslegen und mit Olivenöl bepinseln.

Die Kräuter von den Stängeln zupfen, waschen, trockenschwenken und fein wiegen. Den Knoblauch schälen und durch eine Presse drücken oder sehr fein schneiden und mit den Kräutern vermischen. Je ein Stück Lachs auf ein Alufolienblatt legen. Die Kräuter mit dem Weißwein sowie dem restlichen Olivenöl verrühren und über die Lachsscheiben träufeln.

Die Lachspäckchen schließen, auf den vorgeheizten Grill legen und bei nicht zu starker Hitze in etwa 15 Minuten garen.

Garnelencreme

Die Garnelen waschen, trockentupfen und grob hacken. Mit Zitronensaft und Worcestershiresauce beträufeln.

Die Kräuter von den Stängeln zupfen, waschen, trockenschwenken und fein wiegen, die Zwiebel schälen und hacken, die Gewürzgurke klein würfeln und alles beiseite stellen.

Eigelb mit dem Senf verrühren und das Olivenöl unter heftigem Schlagen in dünnem Strahl zugießen. Sobald eine homogene Creme entstanden ist, Garnelen, Kräuter, Zwiebel und Gewürzgurke unterheben. Mit Salz und Pfeffer abschmecken.

Diese Delikatesse schmeckt besonders gut auf knusprig frischem Brot – das auch auf dem Grill in diesen optimalen Zustand gebracht werden kann.

Wer sich auf Wanderschaft begibt und nach Schweden oder in sonst ein nordisches Land mit Flüssen voller Lachse kommt, sollte ein Stück Alufolie oder Pergamentpapier im Rucksack haben. Selbst gefangene Fische lassen sich so überall auf einem offenen Feuer zubereiten.

Lachsspieße mit zweierlei Butter

Lachsspieße

1/2 Bund	**Dill**
2	**Knoblauchzehen**
▪	**Saft von 1 Zitrone**
100 ml	**Olivenöl**
600 g	**frisches Lachsfilet**
200 g	**geschälte Garnelen**
▪	**Salz**
▪	**frisch gemahlener schwarzer Pfeffer**

Lachsbutter

125 g	**zimmerwarme Butter**
2 EL	**Zitronensaft**
▪	**etwas abgeriebene Schale von unbehandelter Zitrone**
50 g	**geräucherter Lachs oder eingelegte Seelachsschnitzel**
▪	**frisch gemahlener weißer Pfeffer**
1 EL	**gehackter Dill**

Olivenbutter

50 g	**grüne Oliven mit Paprikafüllung**
1	**Schalotte**
125 g	**zimmerwarme Butter**
2 cl	**Sherry**
▪	**frisch gemahlener schwarzer Pfeffer**

Lachsspieße

■ Den Dill von den Stängeln zupfen, waschen, trockenschwenken und hacken. Den Knoblauch schälen und durchpressen oder sehr fein schneiden. Dill, Knoblauch, Zitronensaft und Olivenöl verrühren.

■ Das Lachsfilet in mundgerechte Würfel schneiden. Lachswürfel und Garnelen abwechselnd auf Spieße stecken. Salzen, pfeffern und mit dem Öl kräftig einpinseln.

■ Die Fischspieße in eine Grillschale legen und auf dem heißen Grillrost unter mehrmaligem Wenden in etwa 8 Minuten garen. Zwischendurch noch einmal mit Öl bepinseln.

Lachsbutter

■ Die Butter mit Zitronensaft und -schale cremig rühren. Den Lachs mit einem Wiegemesser sehr fein hacken. Zusammen mit Pfeffer und Dill unter die Butter mengen. Die Lachsbutter in ein Steingutgefäß füllen, die Oberfläche glatt streichen, abdecken und zum Festwerden in den Kühlschrank stellen.

Olivenbutter

■ Die Oliven sehr fein hacken. Die Schalotte schälen und klein würfeln. Beides mit der Butter, dem Sherry und Pfeffer verrühren und gut abschmecken. Die Butter in ein Steingutgefäß füllen, glatt streichen, abdecken und zum Festwerden in den Kühlschrank stellen.

Diese Rezepte sind nur Vorschläge und können jederzeit nach Gusto und Angebot abgewandelt werden. So eignen sich auch andere Fische und Meerestiere wie Zander, Lachsforelle, Lotte oder Scampi statt Garnelen für die Bestückung der Grillspieße. Bei der Butter können Sie ebenso gut variieren: mit Stückchen von Sardellen und Kapern, anderen frischen Kräutern und noch weit mehr Zitronensaft und -schale. Und das Praktischste daran ist: Sie bereiten in der Grillsaison gleich mal doppelt so viel Butter zu, wie Sie für einen Anlass benötigen. Die Hälfte Butter kann über den Umweg Spritzsack als kleine Rosetten optimal eingefroren werden. Das erspart beim nächsten Grillfest ein wenig Arbeit.

Gegrillte Haifischsteaks

7 EL	**Limetten- oder Zitronensaft**
1 TL	**abgeriebene Schale von 1 unbehandelten Limette oder Zitrone**
4 EL	**kaltgepresstes Olivenöl**
1 Bund	**Dill**
3	**Knoblauchzehen**
1	**Chilischote, frisch oder getrocknet**
▪	**Salz**
4	**Haifischsteaks, je 180 g**
▪	**frisch grob gemahlener Pfeffer**
50 g	**Butter**
2	**Lauchzwiebeln oder 1/2 Bund Schnittlauch**
▪	**Öl für den Grillrost**

■ 6 Esslöffel Limetten- oder Zitronensaft zusammen mit der Schale und dem Olivenöl in eine große flache Schüssel geben.

■ Den Dill waschen, trockenschwenken, die Blättchen hacken. Knoblauch schälen und durchpressen oder sehr fein schneiden. Die Chilischote entstielen, aufschneiden, entkernen und die Schalen hacken. Die Hälfte des Dills, Knoblauch, Chili und 1/2 Teelöffel Salz ebenfalls in die Schüssel geben, alles gründlich verrühren.

■ Die Fischsteaks unter fließendem kaltem Wasser waschen, trockentupfen und in der Marinade wenden. Die Schüssel mit Folie abdecken und für 2 Stunden kühl stellen. Zwischendurch die Steaks einmal wenden.

■ Den Grill anheizen. Den Grillrost leicht einölen. Die Steaks etwas abtropfen lassen und von jeder Seite 5 Minuten grillen. Nach dem Wenden mit Marinade einpinseln und mit Pfeffer bestreuen.

■ In der Zwischenzeit die Butter schmelzen und beiseite stellen.

■ Die Lauchzwiebeln putzen, die weißen Teile fein würfeln. Oder den Schnittlauch waschen, trockenschütteln und in Röllchen schneiden. Mit dem restlichen 1 Esslöffel Limetten- oder Zitronensaft und 1 Prise Salz in der heißen Butter verrühren.

■ Die Haifischsteaks auf Teller verteilen, mit etwas Butter begießen und mit dem restlichen Dill bestreuen.

■ Ganz ausgezeichnete Beilagen sind Folien-Kartoffeln, gegrillte Tomaten – ähnlich dem Rezept von Seite 50 – und Kräuterbutter.

W eil die Fischhändler in unseren Breiten die Vorurteile mancher Kunden gegen den gefürchteten Meeresräuber kennen, geben sie ihm Decknamen: Kalbfisch oder Seestör, Seeaal oder Schillerlocken, oder sie verkaufen ihn einfach als Tunfisch.

An erster Stelle der Speisefische steht dabei der Heringshai aus der Familie der Makrelenhaie. Auch Hammerhaie werden auf südeuropäischen Märkten angeboten.

Wer ganze runde Scheiben erwirbt und keine vorbereiteten Steaks, sollte vor der Zubereitung die ledrige Haut entfernen oder rundum mehrmals einschneiden, damit sich die Scheibe beim Garen nicht wölbt. Gräten gibt es keine, außer dem Knorpelteil in der Mitte – klar, wenn man bedenkt, dass Haie keine Knochenfische wie so viele andere sind, sondern Knorpelfische.

Gegrillte Hummerkrabben

800 g	**große, frische Garnelen, ohne Köpfe, doch mit Panzer**
2 EL	**Limettensaft**
2	**Knoblauchzehen**
100 g	**Butter**
·	**Salz**
80 g	**Paniermehl**
·	**frisch gemahlener Pfeffer**
je 1 TL	**frischer, gehackter oder**
je 1/2 TL	**getrockneter Thymian, Basilikum und Oregano**
gut 1	**Messerspitze Cayennepfeffer**
·	**neutrales Pflanzenöl zum Einpinseln**

Die Panzer der Garnelen vorsichtig auf den Innenseiten aufschneiden und so ablösen, dass sie ganz bleiben. Die Panzer abspülen und trockentupfen, mit Limettensaft beträufeln. Die Garnelen am Rücken entlang einschneiden und die schwarzen Därme entfernen. Die Garnelen abspülen und trockentupfen.

Den Knoblauch schälen und durchpressen oder sehr fein schneiden. Die Butter in einem kleinen Topf aufschäumen lassen und den Knoblauch glasig braten, leicht mit Salz würzen und abkühlen lassen. Paniermehl, 1/4 Teelöffel Salz, 1 gute Prise Pfeffer, Kräuter und Cayennepfeffer vermischen.

Die Garnelen zuerst in der Knoblauchbutter wenden, dann in der Kräuterpanade wälzen und wieder in die Panzer stecken. Panzer und Grillrost mit Öl einpinseln und die Garnelen 10 Minuten grillen, dabei mehrmals wenden.

Der Begriff „Hummerkrabben" ist eigentlich falsch, gleichwohl sehr gängig. In den Vereinigten Staaten erfreuen sich diese Rosenberg-Garnelen, wie sie richtig heißen, großer Beliebtheit. Denn sie haben dicke, fleischige, wohlschmeckende Schwänze.

Shrimps ist ein andere Bezeichnung, und aufgrund der ausgedehnten Fanggründe an der Pazifikküste sowie an der Atlantikküste bis zum Golf von Mexiko stehen den Amerikanern immer genug Garnelen zur Verfügung. Weitere Shrimp-Arten werden in großer Menge verspeist: Royal Red Prawn aus dem Golf von Mexiko, die identisch ist mit der Roten Tiefseegarnele aus europäischen Breiten.

Dem starken Zuspruch entspricht die Vielzahl an leckeren Rezepten, wie sie beispielsweise rund um New Orleans bekannt und sehr verbreitet sind: so unter anderem Garnelen in einer Art Ragout zusammen mit Muscheln und Gemüse, auf Spießen mit Limettenstückchen oder scharf gewürzt in einem reinen Garnelen-Ragout. – Probieren Sie einfach weiter, wenn Ihnen diese Zubereitung hier zusagt!

Tintenfische mit Schafskäse

600 g	**küchenfertige Sepias**
▪	**Saft von 1 Zitrone**
5	**Knoblauchzehen**
1 Bund	**Petersilie**
5 EL	**Olivenöl**
1	**Piccolo Sekt oder**
	¼ Ltr Prosecco
¼ Ltr	**Gemüse- oder**
	Fischbrühe
▪	**Salz**
▪	**frisch gemahlener**
	weißer Pfeffer
200 g	**Schafskäse,**
	vorzugsweise Ricotta

Die Sepias unter fließendem kaltem Wasser gründlich waschen und mit Küchenkrepp trockentupfen. Mit Zitronensaft beträufeln.

Den Knoblauch schälen und klein würfeln. Die Petersilie von den Stängeln zupfen, waschen, trockenschwenken, fein wiegen und beiseite stellen.

Etwa 4 Esslöffel Olivenöl erhitzen und die Tintenfische mit dem Knoblauch andünsten. Mit Sekt und Brühe aufgießen, salzen, pfeffern und etwa 20 Minuten schmoren lassen.

Die Tintenfische herausnehmen und kurz abkühlen lassen. Den Sud mit Petersilie verfeinern, nochmals abschmecken und zum „Weißbrot-Tunken" bereitstellen.

Den Schafskäse klein schneiden und mit einer Gabel unter Zusatz von etwas Olivenöl grob zerkleinern.

Die Tintenfischbeutel mit wenig Schafskäse füllen und mit kleinen Holzspießen zustecken.

Den Tischgrill oder heißen Stein erhitzen. Die Grilloberfläche mit Olivenöl bepinseln, salzen und die gefüllten Tintenfischbeutel darauf legen. Unter mehrmaligem Wenden in 5 bis 8 Minuten knusprig grillen.

Eine andere Möglichkeit, diese Meeresdelikatesse zu genießen, wäre, gefrorene Tintenfischringe, auch mit Backteig, auf dem Tischgrill zu braten. Dazu Schafskäse in die Pfännchen geben, nach Belieben mit Olivenöl beträufeln und im Raclettegrill überbacken.

Weinbrandfilets mit drei Dip-Saucen

4	**Rinderfiletscheiben à ca. 200–250 g**
4 EL	**Erdnussöl**
5 cl	**Weinbrand**
·	**bunter Pfeffer**

Zitronenmayonnaise

2	**Eigelb**
1 TL	**scharfer Senf**
1/8 Ltr	**Sonnenblumenöl**
·	**Salz**
·	**weißer Pfeffer**
·	**Saft von 1 Zitrone**
1 TL	**Worcestershiresauce**
2	**Zweige Zitronenmelisse**
1 Msp.	**Zitronenpfeffer**

Senfsauce

2	**Knoblauchzehen**
1	**Schalotte**
1/4 Bund	**Petersilie**
4 EL	**Olivenöl**
1 EL	**Dijon-Senf, ersatzweise scharfer Senf**
·	**Salz**
·	**Pfeffer**

Käsecreme

je 50 g	**weiche Butter, Gorgonzola und Frischkäse**
1/2 Bund	**frisches Basilikum**
·	**Salz**
·	**schwarzer Pfeffer**
1 EL	**Mandelblättchen**

Die Rinderfiletscheiben mit der Hand leicht flach drücken. Das Erdnussöl mit dem Weinbrand verrühren und die Fleischscheiben damit einreiben. Mit frisch gemahlenem buntem Pfeffer würzen und ruhen lassen.

Den Heißen Stein erhitzen und mit Salz bestreuen. Die marinierten Rinderfiletscheiben darauf legen und von jeder Seite nach Belieben 3 bis 5 Minuten braten. Den Bratensatz vom Heißen Stein mit Weinbrand beträufeln und mit frischem Stangenweißbrot „aufwischen".

Zitronenmayonnaise

Die Eigelbe mit dem Senf glatt rühren. Mit einem elektrischen Handrührgerät oder einem Schneebesen das Öl möglichst tropfenweise darunter schlagen, bis eine homogene Masse entsteht. Die Mayonnaise salzen, pfeffern und mit Zitronensaft sowie mit Worcestershiresauce würzen.

Die Melisseblättchen von den Stängeln zupfen, waschen, grob hacken und unter die Zitronenmayonnaise heben. Die Sauce in ein Schälchen füllen und mit Zitronenpfeffer bestreuen.

Senfsauce

Den Knoblauch und die Schalotte schälen und hacken. Die Petersilie von den Stängeln zupfen, waschen, trockenschütteln und fein wiegen. Das Olivenöl mit dem Senf verrühren. Knoblauch, Schalotte und Petersilie beimischen. Salzen, pfeffern und in eine Sauciere füllen.

Käsecreme

Die Butter, den Gorgonzola und den Frischkäse miteinander verrühren. Die Basilikumblättchen von den Stängeln zupfen, waschen, trockenschwenken, hacken und unter die Käsecreme heben. Nur leicht salzen und pfeffern. In ein Schälchen füllen, mit den Mandelblättchen garnieren und bis zum Gebrauch abdecken.

Kalbfleischröllchen Kapern-Tunfisch-Sauce

Kalbfleischröllchen

1 Bund	gemischte Kräuter wie Dill, Oregano, Bohnenkraut, Petersilie
2	Knoblauchzehen
1 EL	gehackte Walnusskerne
1 EL	scharfer Senf
2 EL	Olivenöl
4	dünne Kalbsschnitzel à ca. 150 g
·	Salz
·	frisch gemahlener weißer Pfeffer
8	dünne Scheiben durchwachsener Räucherspeck

Kapern-Tunfisch-Sauce

150 g	Tunfisch, konserviert
1 1/2	Zitronen
1 EL	Dijon-Senf
2	Eigelb
1/8 Ltr	Olivenöl
5 EL	Weißwein oder Marsala
·	Salz
·	frisch gemahlener weißer Pfeffer
50 g	eingelegte Kapern
·	ein paar frische Salbeiblättchen

Kalbfleischröllchen

Die Kräuter von den Stängeln zupfen, säubern und klein hacken. Den Knoblauch schälen und durchpressen oder sehr fein schneiden. Mit den Walnusskernen, den Kräutern, dem Senf und dem Öl vermengen.

Die Kalbsschnitzel quer halbieren und auf beiden Seiten mit Salz und Pfeffer würzen.
Auf einer Arbeitsplatte die 8 Scheiben Speck auslegen und darauf je 1 Schnitzel geben. Die Kräutermischung auf die Schnitzel verteilen und verstreichen. Jedes Schnitzel mit dem Speck vorsichtig aufrollen. Die Röllchen mit kleinen Hölzchen oder Metallspießen feststecken.

Den Tischgrill oder den Heißen Stein aufheizen, leicht mit Öl bepinseln und die Fleischröllchen darauf legen. Unter mehrmaligem Wenden in etwa 10 bis 15 Minuten knusprig grillen.

Kapern-Tunfisch-Sauce

Den Tunfisch abgießen und das Fischfleisch mit dem Saft von 1 Zitrone im Küchenmixer oder mit dem Pürierstab pürieren.

Den Senf mit den Eigelben verrühren. Das Öl unter heftigem Schlagen nach und nach in einem dünnen Strahl zugießen. Die so entstandene Mayonnaise mit dem pürierten Tunfisch vermengen und mit Weißwein oder Marsala, Salz und Pfeffer abschmecken. Die Kapern mit einem Messer fein wiegen und zuletzt unter die Sauce mengen. Nochmals abschmecken.

Die Zitronenhälfte vorsichtig waschen, trockenreiben und in halbe dünne Scheiben schneiden. Die Salbeiblättchen säubern und grob zerschneiden.

Die Kapern-Tunfisch-Sauce in eine Sauciere füllen und mit den Zitronenscheiben und Salbeiblättchen garnieren.

Leberspieße
Calvadosspieße

Leberspieße

400 g	Kalbsleber
1	Apfel
100 g	dünne Räucherspeck-scheiben
1	Zwiebel
•	Saft von 1/2 Zitrone
3 EL	Pflanzenöl
4 cl	Weinbrand
je 1	Prise gemahlener Salbei und getrockneter Thymian
•	Salz
•	schwarzer Pfeffer

Calvadosspieße

Für die Spieße:

1	große Zwiebel
2	Äpfel
•	Saft von 1/2 Zitrone
400 g	Schweineschnitzel
5 cl	Calvados oder anderer Apfelschnaps
1 TL	getrockneter Majoran
•	schwarzer Pfeffer

Für die Preiselbeer-Meerrettich-Sahne:

200 ml	süße Sahne
50 g	Preiselbeeren
1 TL	Meerrettich
2 EL	Pflanzenöl
•	Salz

Leberspieße

Die Kalbsleber waschen, mit Küchenkrepp trockentupfen und in dünne Scheibchen schneiden. Den Apfel schälen, vierteln, entkernen und in mundgerechte Stücke schneiden. Jedes Apfelstück mit etwas Räucherspeck umwickeln. Die Zwiebel schälen, vierteln, nochmals quer halbieren und in Schichten brechen. Die vorbereiteten Zutaten abwechselnd auf Holz- oder Metallspieße stecken.

Den Zitronensaft, die Hälfte des Pflanzenöls und den Weinbrand mit Salbei und Thymian verrühren. Die Leberspieße damit einpinseln. Den Tischgrill oder den Heißen Stein vorheizen, mit Pflanzenöl bepinseln und die Leberspieße darauf von allen Seiten in etwa 10 Minuten braten. Dann erst salzen und pfeffern.

Calvadosspieße

Die Zwiebel schälen, vierteln und quer halbieren. Die Zwiebelstücke in Schichten brechen. Die Äpfel schälen, vierteln, entkernen und in zentimeterdicke Stücke schneiden. Mit Zitronensaft beträufeln. Die Schweineschnitzel in dünne Streifen schneiden. Zwiebel, Äpfel und Fleisch abwechselnd auf Spieße stecken. Die gemischten Spieße auf einen Teller legen, mit Calvados beträufeln und mit Majoran und Pfeffer würzen. Bis zum Gebrauch abgedeckt in den Kühlschrank stellen.

Für die Preiselbeer-Meerrettich-Sahne: Die Sahne steif schlagen, Preiselbeeren und Meerrettich unterrühren.

Den Tischgrill oder den Heißen Stein vorheizen und mit Pflanzenöl bepinseln. Die Spieße rundherum salzen und unter mehrmaligem Wenden etwa 10 Minuten grillen.

Den Bratensatz auf dem Heißen Stein mit Calvados oder Weinbrand beträufeln und mit Weißbrot „aufwischen".

Italienische Frikadellen Kressecreme

Italienische Frikadellen

1	kleine Zwiebel
2	Knoblauchzehen
1/2 Bund	frisches Basilikum
50 g	Parmaschinken
125 g	Mozzarella
6 EL	Olivenöl
800 g	Rinderhackfleisch
1 EL	scharfer Senf
1 EL	Tomatenmark
•	Salz
•	frisch gemahlener schwarzer Pfeffer

Varianten:

Den Fleischteig kann man zusätzlich mit 50 Gramm klein gehackten Pinienkernen, frisch gehackten Kräutern wie Oregano, Bohnenkraut und glatter Petersilie verfeinern.

Kressecreme

1	kleine Zwiebel
1	Kästchen Brunnenkresse
100 g	Sahnequark
100 g	Vollmilchjogurt
2 EL	Olivenöl
•	Saft von 1/2 Zitrone
1 TL	Worcestershiresauce
•	Salz
•	frisch gemahlener weißer Pfeffer
1 Prise	Zucker

Italienische Frikadellen

■ Die Zwiebel und die Knoblauchzehen schälen und hacken. Die Basilikumblättchen von den Stängeln zupfen, waschen, trockenschwenken und fein wiegen. Den Parmaschinken in kleine Würfel schneiden. Den Mozzarella mit Küchenkrepp trockentupfen und passend zum Schinken schneiden. Die Hälfte Basilikum, Schinken- und Käsewürfel mit 2 Esslöffel Olivenöl locker vermengen.

■ Das Rinderhackfleisch in eine Schüssel geben und mit dem restlichen Basilikum, etwas Olivenöl, Senf, Tomatenmark, Zwiebel- und Knoblauchwürfeln verkneten. Mit Salz und Pfeffer abschmecken.

■ Aus dem Fleischteig etwa 12 flache Frikadellen formen. In jede Fleischteigportion in der Hand eine Mulde drücken, mit der Schinken-Käse-Mischung füllen und gut verschließen. Die Frikadellen nochmals flach drücken und leicht mit Olivenöl bepinseln. Den erhitzten Heißen Stein mit Olivenöl bepinseln, mit etwas Salz bestreuen und die Frikadellen darauf legen. Die Garzeit beträgt bei mehrmaligem Wenden etwa 10 Minuten.

Kressecreme

■ Die Zwiebel schälen und hacken. Die Kresse aus dem Kästchen schneiden, säubern und fein wiegen. Den Sahnequark mit dem Vollmilchjogurt und dem Olivenöl glatt rühren. Die Zwiebelwürfel und die Kresse unterheben. Mit Zitronensaft, Worcestershiresauce, Salz, Pfeffer und Zucker pikant abschmecken. Sofort servieren, am besten zu den italienischen Frikadellen.

Man kann zu diesen italienisch beeinflussten Rezepten auch das „Drumherum" passend arrangieren. Als Getränk Rotwein, zum Beispiel einen zimmerwarmen Chianti Classico, oder einen gut gekühlten Pinot Grigio servieren. Für die Knabberei zum Aperitif, etwa zum Prosecco, Grissini mit hauchdünn geschnittenem Schinken (Parma, Aosta oder Daniele) umwickeln. Zu den Frikadellen auf den Heißen Stein dünn geschnittene Zucchini, vorgekochte Kartoffelscheibchen und Austernpilze legen und mitbrutzeln.

Griechische Hacksteaks Tzatziki

Griechische Hacksteaks

1	mittelgroße Zwiebel
3	Knoblauchzehen
2 Stängel	frischer Oregano
1/2 Bund	glatte Petersilie
50 g	schwarze Oliven
100 g	Schafskäse
6 EL	Olivenöl
2	Scheiben Weißbrot
600 g	Rinderhackfleisch
1 EL	Tomatenmark
1	Ei
•	Salz
•	frisch gemahlener schwarzer Pfeffer
3 Prisen	gemahlener Piment
1 Msp.	Cayennepfeffer

Tzatziki

5	Knoblauchzehen
1	Salatgurke
500 g	Vollmilchjogurt
2 EL	Olivenöl
•	Salz
•	frisch gemahlener weißer Pfeffer
1 TL	weißer Essig

Griechische Hacksteaks

Die Zwiebel und den Knoblauch schälen und hacken. Oregano und Petersilie von den Stängeln zupfen, säubern und fein wiegen. Die Oliven entkernen und klein hacken. Den Schafskäse zerbröseln und mit den Oliven und 1 Esslöffel Olivenöl vermengen. Das Weißbrot in gleichmäßig kleine Würfel schneiden und mit lauwarmem Wasser begießen.

Das Rinderhackfleisch mit dem Tomatenmark, dem Ei, 1 Esslöffel Olivenöl, dem ausgedrückten Weißbrot, Zwiebel- und Knoblauchwürfeln sowie den Kräutern zu einem geschmeidigen Fleischteig kneten. Mit Salz, Pfeffer, Piment und Cayennepfeffer kräftig abschmecken. Den Fleischteig in etwa 8 Portionen teilen. Jede Portion auf einer Arbeitsfläche flach drücken. Eine Hälfte mit der Käsefüllung belegen, die andere Hälfte darüber klappen und fest andrücken. Die Hacksteaks mit Olivenöl bepinseln.

Den Tischgrill oder den Heißen Stein vorheizen, leicht einölen und die Hacksteaks darauf auf jeder Seite etwa 5 Minuten braten.

Tzatziki

Die Knoblauchzehen schälen und durchpressen oder sehr fein schneiden. Die Salatgurke schälen und der Länge nach halbieren. Mit einem Löffel die Kerne herauskratzen und das Fruchtfleisch grob raspeln oder klein hacken. Den Vollmilchjogurt mit Olivenöl, Knoblauch und Gurke vermengen. Leicht salzen, pfeffern und mit Essig abschmecken.

Für einen schönen griechischen Abend stellen wir rechtzeitig einen griechischen Weißwein kalt, entweder den geharzten Retsina oder einen trockenen fruchtigen Domestica. Rund um das Tischgerät werden kleine Schüsselchen mit gefüllten Weinblättern, eingelegten Knoblauchzehen, grünen und schwarzen Oliven platziert. Dazu gibt es frische Sesamkringel und Fladenbrot, würzigen Bohnensalat oder einen Bauernsalat mit Zwiebelringen, grünem Kopfsalat und Tomaten. Auf dem Tischgrill werden zusätzlich Auberginen- und Zucchinischeiben mitgebraten.

Frauenschenkel
Zucchini mit Jogurtsauce

1 Zwiebel
2–3 Knoblauchzehen
1 Bund glatte Petersilie
800 g Lammhackfleisch
100 g gekochter Reis
5 EL Olivenöl
1 Ei
· Salz
· frisch gemahlener schwarzer Pfeffer
je 1 TL getrockneter Thymian und Dill

Zucchini mit Jogurtsauce

1 Bund glatte Petersilie
200 g Vollmilchjogurt
4 EL Olivenöl
· Saft von 1 Zitrone
4 Knoblauchzehen
· Salz
· frisch gemahlener schwarzer Pfeffer
600 g Zucchini

Frauenschenkel

Die Zwiebel und den Knoblauch schälen und hacken. Die Petersilie von den Stängeln zupfen, waschen, trockenschwenken und hacken. Das Lammhackfleisch mit der Zwiebel und dem Knoblauch, der Petersilie, dem Reis, etwas Olivenöl und dem Ei zu einem geschmeidigen Teig verkneten. Mit Salz, Pfeffer, Thymian sowie mit Dill abschmecken. Aus dem Fleischteig kleine Portionen abstechen, in Eiergröße formen und mit der Hand etwas platt drücken. Mit dem restlichen Olivenöl bepinseln und auf dem Tischgrill oder dem Heißen Stein in etwa 10 Minuten grillen.

Es müssen phantasiebegabte männliche Köche oder Esser gewesen sein, die den Frauenschenkeln ihren Namen gaben. Die türkische Küche ist überhaupt sehr ideen- und abwechslungsreich. Unser Vorschlag für einen gelungenen türkischen Abend wäre: zusätzlich Sesamkringel, Fladenbrot, Schafskäse, Honigmelone, Hirtensalat und Auberginenmus anbieten. Als Getränk heißen oder kalten Pfefferminztee und als Digestif einen eiskalten Raki reichen.

Zucchini mit Jogurtsauce

Die Petersilie von den Stängeln zupfen, waschen, trockenschwenken und fein wiegen. Mit Vollmilchjogurt, Olivenöl und Zitronensaft verrühren. Den Knoblauch schälen, sehr fein schneiden oder durchpressen und zum Jogurt geben. Die Jogurtsauce salzen, pfeffern, gut verrühren und bis zum Gebrauch in den Kühlschrank stellen.

Die Zucchini waschen und in halbzentimeterdicke Scheiben schneiden. Auf beiden Seiten salzen und pfeffern.

Den vorgeheizten Tischgrill oder Heißen Stein mit etwas Öl bepinseln und darauf die Zucchinischeiben knusprig braten. Die gekühlte Jogurtsauce über die gebratenen Zucchinischeiben löffeln.

Puten-Cordon bleu
Warmer grüner Salat

Puten-Cordon bleu

8	sehr dünne Puten-schnitzel à ca. 60–80 g
▪	Salz
▪	frisch gemahlener weißer Pfeffer
▪	einige frische Basilikumzweige
150 g	Cambozola oder Gorgonzola
8	dünne Scheiben gekochter Schinken
▪	Saft von 1/2 Zitrone
4 EL	Olivenöl

Warmer grüner Salat

1	große Zwiebel
1	Knoblauchzehe
2	kleine grüne Köpfe Blattsalat
▪	Salz
200 ml	süße Sahne
▪	frisch gemahlener weißer Pfeffer
1 Msp.	gemahlene Muskatnuss
50 g	Crème fraîche

Tipp:
Besonders exklusiv und wohl-schmeckend wird der warme Salat mit einem Gläschen Champagner oder einem Schuss Madeira.

Puten-Cordon bleu

Die Putenschnitzelchen mit Klarsichtfolie bedecken und mit dem Fleischklopfer nur leicht plattieren. Salzen und pfeffern.

Die Basilikumblättchen von den Stängeln zupfen, waschen, trockenschwenken und grob zerschneiden. Den Käse mit der Gabel oder einem Messer zerkleinern. Die Schinkenscheiben auslegen, darauf Basilikum und Käse verteilen. Die belegten Schinkenscheiben vorsichtig aufrollen und auf die Putenschnitzel legen. Die Putenschnitzel zusammenklappen und mit Holzspießchen feststecken. Den Zitronensaft mit Olivenöl verrühren und die gefüllten Putenschnitzel damit auf beiden Seiten bepinseln.

Den Tischgrill oder den Heißen Stein vorheizen. Die Puten-Cordon bleu auf die Grillplatte legen und in 10 bis 12 Minuten auf beiden Seiten knusprig braten. Beim Wenden mit dem restlichen Zitronenöl beträufeln.

Die Grillplatte oder den Heißen Stein mit einem Gläschen „Hochprozentigem" beträufeln. Zum einen kann der Bratensatz nicht einbrennen und zum anderen wird der Bratensaft noch verfeinert und dann mit viel Weißbrot aufgetunkt.

Warmer grüner Salat

Die Zwiebel und den Knoblauch schälen und hacken. Den Kopfsalat in Streifen schneiden und waschen. Wasser mit Salz zum Kochen bringen und die Salatstreifen hineingeben. Nach dem ersten Aufkochen herausnehmen, kalt abschrecken und abtropfen lassen.

Die Sahne aufkochen, das Zwiebel-Knoblauch-Gemisch einrühren und einige Minuten köcheln. Dann die Salatstreifen mit einem Ruck unterheben. Mit Pfeffer und Muskat abschmecken und ein paar Mal durchschwenken. Zum Verfeinern die Crème fraîche einrühren.

Hähnchensteaks mit Erdnuss-Sauce

Für die Sauce:

1	kleine Zwiebel
2	Fleischtomaten
je 1	grüne und rote Paprikaschote
1	Chilischote, frisch oder getrocknet
6 EL	Erdnussöl
100 g	geriebene Erdnüsse
100 ml	süße Sahne
•	Salz
•	frisch gemahlener schwarzer Pfeffer
50 g	Erdnussbutter
4 cl	weißer Rum oder Tequila
⅛ Ltr	Gemüse- oder Fleischbrühe

4	Hähnchensteaks à 200 g
•	Cayennepfeffer
•	Saft von ½ Zitrone

Für die Sauce: Die Zwiebel schälen und hacken. Die Fleischtomaten überbrühen, häuten und klein schneiden. Die Paprikaschoten vierteln, entkernen, säubern und in kleine Würfel schneiden. Die Chilischote waschen, entkernen und hacken.

Die Hälfte Erdnussöl im Schmortopf erhitzen. Vorbereitete Zwiebel, Paprika, Chili und Tomaten unter Rühren andünsten.
Die Erdnüsse mit der Sahne verrühren und zugießen. Salzen und pfeffern. Die weiche Erdnussbutter mit Rum oder Tequila in das Gemüse rühren und mit Brühe aufgießen. Die Erdnuss-Sauce ein paar Mal aufkochen, nochmals abschmecken und in eine Sauciere füllen.

Die Hähnchensteaks salzen, pfeffern, mit Zitronensaft beträufeln und mit Erdnussöl bepinseln. Den Heißen Stein erhitzen, leicht salzen und die Hähnchensteaks darauf legen. Von jeder Seite etwa 3 bis 4 Minuten braten. Einen Teil Erdnuss-Sauce auf vier Teller als „Bett" verteilen, die gebratenen Hähnchensteaks darauf geben und mit der restlichen Sauce überziehen.

Während die Hähnchensteaks auf dem Heißen Stein brutzeln, empfiehlt es sich, als kleinen Vorgeschmack auf den späteren Genuss einen Daiquiri mit einem Schälchen Erdnüsse zu servieren. Dieser Cocktail besteht aus weißem Rum, Limettensaft, Zucker und Eiswürfeln. Er verdankt seine Existenz dem spontanen Einfall eines gewissen Jennings Cox aus Daiquiri auf Kuba. Er wollte einen ziemlich wichtigen – aber überraschend angesagten – Besuch nicht einfach mit weißem Rum empfangen und beschloss so kurzerhand, den kräftigen Rum mit frisch gepresstem Limettensaft und etwas Zucker zu mildern. Gut gekühlt war dieses Getränk der perfekte Willkommenstrunk. Seither ist der Daiquiri aus der Barpalette nicht mehr wegzudenken.

Grillierte Auberginen

Melanzane alla griglia

600 g	**Auberginen**
150 ml	**Olivenöl**
1	**Tomate**
2	**Knoblauchzehen**
▪	**Salz**
▪	**frisch gemahlener Pfeffer**
1	**kleiner Peperone**
6–7	**Basilikumblätter**

Tipp:

Zu einem rein vegetarischen Grill eignen sich neben Auberginen auch Zucchini, Tomaten, Paprikaschoten, alle ähnlich mit etwas Würzöl eingestrichen oder getränkt.

Die Auberginen waschen, trocknen und in etwa 1 Zentimeter dicke Scheiben schneiden. Diese in die Hälfte des Olivenöls legen. Die Tomate mit kochend heißem Wasser kurz überbrühen, schälen, halbieren, Stielansatz und Kerne entfernen. Das Tomatenfleisch in kleine Würfel schneiden.

Den Knoblauch schälen und durchpressen oder sehr fein schneiden. Tomatenwürfel im Rest des Olivenöls mit Knoblauch dünsten und mit Salz und Pfeffer abschmecken.

Den Peperone halbieren, entkernen – wer empfindlich ist, tut das bei einer scharfen Sorte mit Gummihandschuhen – und das Fleisch fein schneiden. Die Basilikumblätter säubern und ebenfalls fein schneiden.

Die Auberginenscheiben aus dem Öl nehmen und auf dem heißen Grill beidseitig garen, bis sie auch an den dunkelsten Stellen noch nicht zu braun oder gar schwarz werden. Die Auberginen auf vorgewärmten Tellern anrichten, Peperone und Basilikum darüber verteilen. Auf die Mitte jeweils ein Häufchen Tomatenwürfel setzen und mit heißem Olivenöl beträufeln.

Gut passen zu dieser Köstlichkeit frisches Landbrot, Polenta oder auch die Maisgrießplätzchen (siehe Rezept S. 96) sowie grüner Salat.

Unter den Gemüsen, die sich ohne großen Aufwand und ohne Verpackung für den Grill eignen, nehmen Auberginen eine Vorrangstellung ein. Von Haus aus von eher zartem Aroma, nehmen sie den Geschmack jeder passenden Würze leicht an – wie ein Schwamm. Die wahre Kunst beim Grillen der Auberginen besteht darin, die richtige Temperatur zu wählen. Man erkennt sie daran, dass sich auf den Auberginenscheiben in wenigen Minuten schön dunkelbraune, aber nicht schwarze Streifen bilden.

Die anderen, im Tipp erwähnten Gemüse haben mehr Eigengeschmack. So lassen sich hier die Tomaten selber als würzende und optisch auffällige Zutat einsetzen. Weiteren Kombinationen der Gemüse untereinander steht nichts im Wege – lassen Sie Ihrer Phantasie freien Lauf oder schauen Sie einmal auch die Rezepte auf den Seiten 94 und 100 an.

Verpacktes Gemüse
Knoblauchbaguette

Verpacktes Gemüse

2	**Fenchelknollen**
500 g	**frischer Blattspinat**
1	**kleine Aubergine**
1 Bund	**gemischte Kräuter wie Kerbel, Petersilie, Thymian, Oregano, Basilikum, Bohnenkraut oder Schnittlauch**
5	**Knoblauchzehen**
100 ml	**Olivenöl**
▪	**Saft von 1 Zitrone**
▪	**Salz**
▪	**frisch gemahlener Pfeffer**
50 g	**geriebener Parmesan**

Knoblauchbaguette

1/2 Bund	**Kerbel oder Petersilie**
10–15	**Knoblauchzehen**
100 g	**gehackte Walnüsse, Mandeln oder andere Nüsse**
200 g	**zimmerwarme Butter oder 100 ml Olivenöl**

Verpacktes Gemüse

Die Fenchelknollen säubern, der Länge nach vierteln und den Strunk entfernen. Den Blattspinat verlesen, waschen und trockenschwenken. Die Aubergine säubern, halbieren und in dünne Scheiben schneiden.

Die Kräuter von den Stängeln zupfen, waschen, trockenschwenken und hacken. Den Knoblauch schälen und durchpressen oder sehr fein schneiden. Das Olivenöl mit den Kräutern, dem Knoblauch und dem Zitronensaft verrühren und mit Salz und Pfeffer kräftig würzen.

Spinat und Fenchel nach Belieben mit dem geriebenen Parmesan vermengen. Jede Gemüsesorte separat mit Alufolie in jeweils 4 Päckchen mit der entsprechenden Menge Kräuter-Olivenöl verpacken und in etwa 15 Minuten auf dem Grill garen.

Knoblauchbaguette

Die Kräuter von den Stängeln zupfen, waschen, trockenschwenken und hacken. Den Knoblauch schälen und durchpressen oder sehr fein schneiden. Kräuter, Knoblauch und die gehackten Nüsse mit der Butter oder dem Olivenöl verrühren.

Das Stangenweißbrot quer etwa zehnmal tief einschneiden, aber nicht durchschneiden. Kräuterbutter oder -öl in die Broteinschnitte streichen. Das Stangenweißbrot in Alufolie wickeln und für etwa 15 Minuten auf den heißen Grillrost legen.

Auf vielen Festen ist das allseits beliebte französische Weißbrot in der verfeinerten Form des Knoblauchbaguette ein echter Renner.

Wer noch weitere Abwechslung liebt, serviert es einmal auf italienische Art: Dazu werden auf eine mit Olivenöl bestrichene Alufolie zentimeterdicke Scheiben Pecorino, Mozzarella oder Parmesan gelegt. Auf dem heißen Grillrost etwa 5 bis 10 Minuten „schmurgeln" lassen, je nach Dicke der Scheiben, und zum Baguette reichen.

Grüne Kartoffelsteaks
Maisgrießplätzchen

Grüne Kartoffelsteaks

800 g	Kartoffeln
▪	Salz
1	kleine Zwiebel
1/2 Bund	gemischte Kräuter wie Kerbel, Petersilie, Thymian, Oregano, Basilikum, Bohnenkraut oder Schnittlauch
100 g	gekochte grüne Erbsen
100 g	Weizenmehl
2	Eigelb
▪	frisch gemahlener schwarzer Pfeffer
1 Prise	gemahlene Muskatnuss
20 g	Butter
4 EL	Sonnenblumenöl
1	mittelgroßer Zucchino

Maisgrießplätzchen

Für den Heißen Stein

1/4 Ltr	Gemüsebrühe
2 cl	Sherry
150 g	Maisgrieß
1	Eigelb
50 g	frisch geriebener Gouda
▪	Salz
5 EL	Pflanzenöl

Grüne Kartoffelsteaks

Die Kartoffeln waschen, schälen und mit wenig Salzwasser garen.

Die Zwiebel schälen und hacken. Die gemischten Kräuter von den Stängeln zupfen, waschen, trockenschwenken und fein wiegen. Die grünen Erbsen mit dem Wiegemesser zerquetschen.

Die gar gekochten Kartoffeln abgießen, etwas ausdampfen lassen und noch heiß durch die Presse drücken. Das Mehl, Eigelb, die Kräuter und das Erbsenmus kräftig unter den Kartoffelbrei mengen. Salzen, pfeffern, mit Muskat sowie einem Stich Butter verfeinern. Mit nassen Händen aus dem Kartoffelteig flache Steaks formen. Auf den Oberflächen mit einem scharfen Messer rautenförmig einschneiden und mit Sonnenblumenöl bepinseln.

Den Zucchino waschen, in dünne Scheibchen schneiden, salzen und pfeffern.

Den Tischgrill oder den Heißen Stein erhitzen, mit etwas Öl bepinseln und leicht salzen. Die Kartoffelsteaks mit den Zucchinischeiben auf die Grillplatte legen und von beiden Seiten knusprig braten.

Maisgrießplätzchen

Die Gemüsebrühe mit dem Sherry aufkochen und unter ständigem Rühren den Maisgrieß einrühren. Den Topf vom Herd ziehen und den Maisgrieß unter gelegentlichem Rühren abkühlen lassen. Das Eigelb und den Käse unter die Polentamasse mengen. Nach Bedarf leicht salzen.

Den Maisgrieß auf eine Marmorplatte oder eine andere kalte Unterlage mit einem Teigschaber etwa 1 1/2 Zentimeter hoch glatt streichen. Aus der Teigplatte verschiedene Plätzchen wie Herzen oder Monde ausstechen. Die Plätzchen auf beiden Seiten mit Pflanzenöl bepinseln und bis zum Gebrauch abgedeckt in den Kühlschrank stellen.

Den Heißen Stein vorheizen, mit Pflanzenöl bepinseln und die Maisgrießplätzchen auf beiden Seiten gute 5 Minuten braten.

Weinblätter mit Hackfleischfüllung

Zutaten für 4 bis 6 Portionen:

300 g	in Lake eingelegte Weinblätter
3	mittelgroße Zwiebeln
60 g	Rundkornreis
80 g	Butter
1/2 Bund	Dill
1 Bund	glattblättrige Petersilie
400 g	Rinderhackfleisch
▪	Salz
▪	frisch gemahlener schwarzer Pfeffer
1/2 TL	getrocknete Minze
2	Knoblauchzehen
ca. 400 g	Naturjogurt

Die Weinblätter einzeln abspülen, 5 Minuten blanchieren und abtropfen lassen.

Die Zwiebeln schälen und fein würfeln. 30 Gramm Butter in einem Topf erhitzen, die Zwiebeln glasig dünsten, den Reis dazugeben und andünsten. 1/8 Liter Wasser angießen und den Reis bei milder Hitze etwa 10 Minuten garen.

Dill und Petersilie waschen, trockenschwenken, die Zweige und Blätter abzupfen und fein hacken. Nach dem Abkühlen den Reis mit dem Hackfleisch, mit Salz und Pfeffer, der Minze und den frisch gehackten Kräutern gut verkneten. Auf jedes Weinblatt am Stielansatz 1 gehäuften Teelöffel Reis-Hackfleisch-Mischung geben, länglich formen, beide Blattseiten darüber klappen und bis zur Spitze wie Zigarren aufrollen.

Einen breiten Topfboden mit Blättern auslegen, darauf dicht nebeneinander die Röllchen legen, alles mit Flöckchen aus der restlichen Butter sowie weiteren Weinblättern belegen und mit einem Teller beschweren. So viel Wasser angießen, dass die Blätter bedeckt sind. Das Ganze bei mittlerer Hitze 1 Stunde garen.

Den Knoblauch schälen, durchpressen oder zerdrücken und in den Jogurt mischen.

Die Weinblattrollen heiß mit dem kalten Knoblauchjogurt servieren.

An der Mittelmeerküste, aber auch im Nahen Osten wird dieses Gericht im Sommer mit frischen, ansonsten mit eingelegten Weinblättern zubereitet. Die Blätter bekommt man zum Beispiel im türkischen oder griechischen Lebensmittelladen. Nach dem gleichen Rezept können auch ausgehöhlte Zucchini, dünnschalige Paprikaschoten, vorzugsweise grüne, und Tomaten gefüllt werden. Das Hackfleisch kann gemischter Herkunft sein. – Und wer das Ganze fleischlos mag, nimmt für die Füllung etwas mehr Reis sowie würzige Zutaten wie Pinienkerne, schwarze Oliven oder Schafskäse.

Ajvar
Pindžur

Ajvar (oben)

2	Auberginen
2–4	rote Paprikaschoten
5–6	Knoblauchzehen
1 1/2–2	Zitronen
▪	Salz
▪	frisch gemahlener Pfeffer
ca. 100 ml	Olivenöl
1 Bund	krause oder glatt-blättrige Petersilie

Pindžur

4	rote Paprikaschoten
4	Fleischtomaten
1	Aubergine
2	Knoblauchzehen
2 EL	Olivenöl
▪	Salz
▪	etwas Essig
▪	nach Belieben 1–2 Chilischoten

Ajvar

Die Auberginen etwa 40 Minuten und die Paprikaschoten etwa 25 Minuten unzerteilt im auf 160 bis 180 °C vorgeheizten Backofen garen. Den Knoblauch schälen und aus- oder durchpressen, sodass einige Teelöffel Saft entstehen. Die Zitronen auspressen. Beide Säfte beiseite stellen.

Sobald sich die Paprika und Auberginen weich anfühlen, die Gemüse aus dem Ofen nehmen, schälen, die Paprikaschoten teilen, entkernen und alles durch ein Sieb streichen. Den Knoblauch und Zitronensaft zu der Gemüsemasse mischen, mit Salz und Pfeffer würzen und das Olivenöl langsam unterrühren.

Ajvar für mehrere Stunden in den Kühlschrank stellen.
Die Petersilie waschen, trockenschwenken, die Blätter von den Stielen zupfen und fein hacken. Ajvar kurz vor dem Servieren mit der Petersilie bestreuen.

Die Menge der Zutaten kann jederzeit in Richtung Paprika oder Aubergine variiert werden. In jedem Fall eignet sich dieses Gemüsepüree ausgezeichnet als Beilage zu vielen Grillgerichten, bevorzugt vom Lamm.

Pindžur

Die Paprikaschoten halbieren oder vierteln, entkernen und waschen. Die Auberginen und Tomaten ganz lassen. Alles im auf 160 bis 180 °C vorgeheizten Backofen oder auf dem heißen Grill bei häufigem Wenden garen.

Wenn die Früchte durch und durch gar sind, vom Grill oder aus dem Ofen nehmen, in eine Schüssel legen, mit einem feuchten Tuch bedecken und etwas ruhen lassen.

Den Knoblauch schälen und aus- oder durchpressen, sodass Saft entsteht. Die Aubergine und die Tomaten schälen, die Stielansätze der Tomaten entfernen. Das weiche Gemüse mit einem Holzlöffel klein zerteilen, Knoblauchsaft, Öl, Salz und etwas Essig zufügen.

Nach Geschmack die Chilischoten teilen, entkernen, klein hacken und ebenfalls zum Gemüsepüree mischen. Die Mischung einige Stunden im Kühlschrank ruhen lassen, dann – besonders stilvoll in einer Holzschüssel – servieren.

Pindžur schmeckt als Beilage zu Grillgerichten oder als delikate Zwischenmahlzeit auf getoastetem Brot.

Floridasalat
Fruchtiger Reissalat

Floridasalat (vorne)

1	**rote Zwiebel**
2	**Fleischtomaten**
1	**Kopf Eisbergsalat**
½	**Salatgurke**
4	**Radieschen**
1	**Kästchen Kresse**
200 g	**gekochte Maiskörner**
je 4	**Scheiben gekochter Schinken und Käse**
100 g	**Mandarinenspalten, konserviert**
1 EL	**scharfer Senf**
50 g	**Mayonnaise**
100 g	**saure Sahne**
50 g	**Naturjogurt**
▪	**Salz**
▪	**frisch gemahlener weißer Pfeffer**
1	**Spritzer Essig**

Fruchtiger Reissalat

1	**Banane**
4	**Ananasringe mit etwas Saft, konserviert**
100 g	**süße Weintrauben**
400 g	**gekochter Reis**
100 g	**Vollmilch-Naturjogurt**
1	**Döschen Safran**
▪	**Saft von 1 Orange**
▪	**Salz**
▪	**frisch gemahlener bunter Pfeffer**
1 Prise	**Zucker**
▪	**nach Belieben 50 g geschälte Garnelen**
1 EL	**gehackte Petersilie oder einige Blättchen**

Floridasalat

▪ Die Zwiebel schälen und in dünne Ringe schneiden. Die Tomaten waschen, die Stielansätze entfernen, Früchte in dünne Scheiben schneiden. Den Eisbergsalat waschen, trockenschwenken und in kleine Blättchen zupfen. Die Salatgurke und die Radieschen säubern und in dünne Scheiben schneiden. Die Kresse aus dem Kästchen schneiden.

▪ Die vorbereiteten Zutaten mit den Maiskörnern sortenweise auf einer größeren Platte hübsch anrichten. Schinken und Käse übereinander legen, zu Röllchen formen und mit den Mandarinenspalten obenauf legen.

▪ Aus Senf, saurer Sahne, Jogurt, Salz, Pfeffer und Essig eine feine Sauce rühren. Diese entweder getrennt dazu reichen oder kurz vor dem Servieren über den Salat geben.

Fruchtiger Reissalat

▪ Wer rechtzeitig daran denkt: Etwa 120 bis 140 Gramm Rundkorn- oder Langkornreis am Vortag mit etwa der doppelten Menge leicht gesalzenem Wasser kurz aufkochen, danach bei schwacher Hitze nicht zu weich garen. Dies ergibt rund 400 Gramm gekochten, kalten Reis.

Die Banane schälen und in halbe Scheiben schneiden. Die Ananasringe aus der Dose nehmen, den Saft auffangen, die Ringe in schmale Streifen schneiden. Die Weintrauben entstielen, waschen und trockentupfen.

▪ Den kalten Reis mit dem Obst locker vermengen.

▪ Den Jogurt mit Safran, Orangen- und Ananassaft, Salz, Pfeffer sowie Zucker zu einer pikanten Marinade verrühren und unter den Reissalat heben.

▪ Das Ganze nach Belieben mit Garnelen und mit Petersilie garnieren.

Heißt es nicht so oft, das Auge esse mit? Beim Grillen mag das noch mehr zutreffen. Und bei allem, was als appetitanregende Vorspeise auch einmal die Zeit überbrücken soll, bis das Grillgut – endlich – richtig gar ist, hilft ein buntes Erscheinungsbild noch mehr, diesen Zweck zu erfüllen.

Wundert es da, wenn sich manche Gäste, hungrig wie sie nun mal zu sein pflegen, bereits an solch wunderbaren Salaten satt essen, bevor sie sich Fisch, Fleisch oder Folienkartoffeln zuwenden?

Zwiebel-Ananas-Salat
Deftiger Krautsalat

Zwiebel-Ananas-Salat

(vorne)

3	**große Zwiebeln**
500 g	**frisches Ananasfrucht-fleisch, ersatzweise konserviertes**
▪	**Saft von 1 Orange**
100 ml	**süße Sahne**
100 g	**Mayonnaise**
50 g	**saure Sahne**
▪	**Salz**
▪	**frisch gemahlener weißer Pfeffer**
1 TL	**Currypulver**
je 1 Msp.	**gemahlener Ingwer, Kardamom und Kreuzkümmel**

Deftiger Krautsalat

1 kg	**Weißkohl**
▪	**Salz**
1	**große Zwiebel**
150 g	**Räucherspeck**
200 ml	**Fleisch- oder Gemüsebrühe**
1 TL	**Kümmel**
▪	**frisch gemahlener schwarzer Pfeffer**
1 EL	**scharfer Senf**
5 EL	**weißer Essig**
5 EL	**Pflanzenöl**

Zwiebel-Ananas-Salat

Die Zwiebeln schälen, halbieren und in sehr dünne Streifen schneiden. Das Ananasfruchtfleisch gegebenenfalls abtropfen lassen, in kleine gleichmäßige Stücke schneiden.

Orangensaft mit Sahne, Mayonnaise und saurer Sahne glatt rühren. Das Salz und die Gewürze zugeben und die Sauce mit den Zwiebeln und den Ananasstücken in einer großen Schüssel locker vermengen. Den Salat gut abschmecken und am besten etwa 1 Stunde ziehen lassen.

Die Kombination von Zwiebeln und Ananas ist das Überraschende an dieser orientalischen Zubereitung. Sie lebt aber auch von den nicht alltäglichen Gewürzen.
Wer will, kann weiter variieren: mit Knoblauch, Bananenscheiben, saftigen Pfirsichstücken oder Mandelblättchen.

Deftiger Krautsalat

Den Weißkohl putzen, vierteln, den Strunk entfernen und den Kohl fein hobeln. Die Kohlstreifen salzen. Die Zwiebel schälen und hacken. Den Räucherspeck in kleine Würfel schneiden und in einer Pfanne auslassen. Die Zwiebelwürfel mitdünsten, mit Brühe aufgießen.

Kümmel, Pfeffer, Senf, Essig und Öl mit dem Pfanneninhalt verrühren und über die Kohlstreifen geben. Den Salat gut durchmengen und nach Bedarf nochmals abschmecken.

Den Krautsalat zudecken und 1 bis 2 Stunden durchziehen lassen.

Allein durch die würzenden Zutaten bekommt dieser Salat seinen rustikalen Charme. Wer statt Speck etwas mehr Zwiebel und Brühe nimmt, wird sich auch mit einer fleischlosen Variante leicht anfreunden. Aber das gewisse Etwas bringen die Speckwürfel immer zuwege.

Hirtensalat
Jogurt-Kaltschale

Hirtensalat (Foto)

1	kleiner Kopf Römischer Salat
2	Fleischtomaten
1 Bund	Frühlingszwiebeln
2	frische Gärtnergurken
1 Bund	glattblättrige Petersilie
4	spitze Peperoni, nach Geschmack mild oder scharf
50 g	schwarze Oliven
3 EL	Olivenöl
•	Saft von 1 Zitrone
•	Salz
•	frisch gemahlener schwarzer Pfeffer

Jogurt-Kaltschale

500 g	kalter Naturjogurt
300 g	frische Gurke, bevorzugt Gärtnergurke
2	Knoblauchzehen
•	Salz
2 EL	Olivenöl
2 TL	frische gehackte Minze oder 1 TL getrocknete Minze
1 TL	frischer gehackter Dill

Hirtensalat

Den Salat waschen, putzen, in Streifen schneiden und gut abgetropft auf eine ovale Platte legen. Die Tomaten waschen, halbieren, Stielansätze entfernen, Früchte würfeln. Die Tomaten auf dem grünen Salat verteilen.

Die Frühlingszwiebeln putzen, waschen und in Ringe schneiden. Die Gurke(n) gut waschen und mit der Schale in kleine Würfel schneiden. Alles gleichmäßig auf der Salatplatte verteilen.

Die Petersilie waschen, trockenschütteln, die Blätter abzupfen und grob hacken. Die Peperoni waschen, teilen, entkernen, die Schoten in feine Streifen schneiden und zusammen mit den Oliven auf den übrigen Zutaten verteilen.

Öl mit Zitronensaft, Salz und Pfeffer verrühren und über den Salat gießen.

Je nach Jahreszeit verfeinern geraspelte Karotten oder fein gehobelter Rotkohl diesen Hirtensalat. Er kann, wie andere Salate, zudem mit Schafskäse bestreut werden.

Herzhafte Jogurt-Kaltschale

Den kalten Jogurt in einer Suppenschüssel kurz mit dem Schneebesen durchschlagen. Die Gurke schälen und halbieren, sind die Kerne groß, diese herausschaben. Das Gurkenfleisch sehr fein würfeln. Den Knoblauch schälen und durchpressen oder sehr fein schneiden, mit den Gurkenwürfeln unter den Jogurt mischen und salzen.

Die Jogurt-Kaltschale auf Schälchen verteilen. Auf jede Portion etwa $1/2$ Teelöffel Olivenöl träufeln und etwas Minze und Dill streuen, aber nicht verrühren.

Dies ist eine leichte sommerliche Erfrischung, die in der Türkei zu fast allen Tageszeiten zwischendurch oder zu den Mahlzeiten gereicht wird. Sie passt zu Reisgerichten, aber ebenso gut zu Fleisch oder Fisch vom Grill und zu gefüllten Weinblättern (siehe Rezept S. 98).

Soweit in den Rezepten nichts anderes vermerkt ist, sind die Zutaten für vier Personen berechnet.

TG/HS = auch für Tischgrill oder Heißen Stein geeignet

Bildquellen: Seite 6: Michael K.Nichols: Magnum Photos/Focus
Seite 7,8,9: Gruner + Jahr Fotoservice Picture Press, Stradtmann (7,8) ,
Thanhäuser (9)
Seite 11: Visum, Gerd Ludwig
alle anderen Bilder : Sigloch Edition / Bildarchiv , Blaufelden
Rezeptbilder: Hans Joachim Döbbelin, Landschaftsbilder: Achim Sperber

Maria Buchheim
© Sigloch Edition, Am Buchberg 8, D- 74572 Blaufelden
Internet: www.sigloch.de
Bildarchiv Internet: www.sigloch-edition-bildarchiv.com
Nachdruck verboten. Alle Rechte vorbehalten. Printed in Latvia
Satz und Gestaltung: Peter Hensel, P.H.Design
Druck: Preses Nams Corp. Jana Seta PrintingGroup
Papier: 150 g/m² nopaCoat matt, Nordland Papier AG, Dörpen
Buchbinderei: Sigloch Buchbinderei, Blaufelden
ISBN : 3-89393-219-4